AF358755

© 2022, Miño y Dávila srl / Miño.y Dávila sl

Edición: Primera. Agosto de 2022.
Categoría THEMA: AGA Historia del Arte
AFKV Arte electrónico, holográfico y video arte
ABA Teoría del Arte
Depósito legal: M-13684-2022
ISBN: 978-84-18929-50-2

Ilustración de tapa: Simon Lee (@simonxxoo) en Unsplash
Diseño y composición: Gerardo Miño.
Lugar de impresión: Ciudad Autónoma de Buenos Aires, Argentina.

MIÑO y DÁVILA
◆ E D I T O R E S ◆

e-mail producción: produccion@minoydavila.com
e-mail administración: info@minoydavila.com
web: www.minoydavila.com

colección CAEZ Artes En ZigZag

Dirigida por
Hernán Borisonik y
Fabián Ludueña Romandini

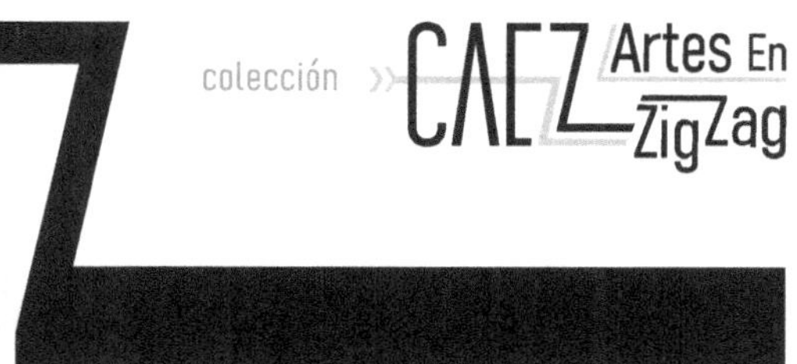

Como concepto unificado, el arte es un producto moderno. En la Antigüedad existían las artes, en plural: técnicas determinadas por la razón e insufladas por las musas. Entre los siglos XVII y XIX, arte y artistas contribuían a la formación sensible de las sociedades y al enriquecimiento estético de la experiencia del mundo. Desde la llegada de las vanguardias, los sujetos y objetos involucrados con los procesos artísticos han tendido a ser potencialmente ilimitados, tanto por la democratización de las condiciones de producción, como por el acercamiento y virtual confusión entre arte y diseño. De manera que vida y obra dejaron de ser espacios analíticamente distinguibles para imbricarse mutua y recíprocamente.

De este modo, la presente colección, de enfoque transdisciplinario, se propone reflexionar sobre las artes y las subjetividades de quienes se identifican como artistas, pero también sobre las formas en las que las obras son producidas, circuladas, exhibidas, archivadas y consumidas. Un espacio para sospechar de los límites entre poiesis, praxis y contemplación.

MATEO BELGRANO

EL GESTO CRIPTOGRÁFICO

REFLEXIONES EN TORNO A LA EMERGENCIA DEL CRIPTOARTE

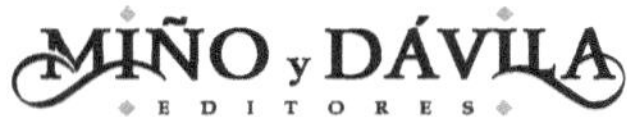

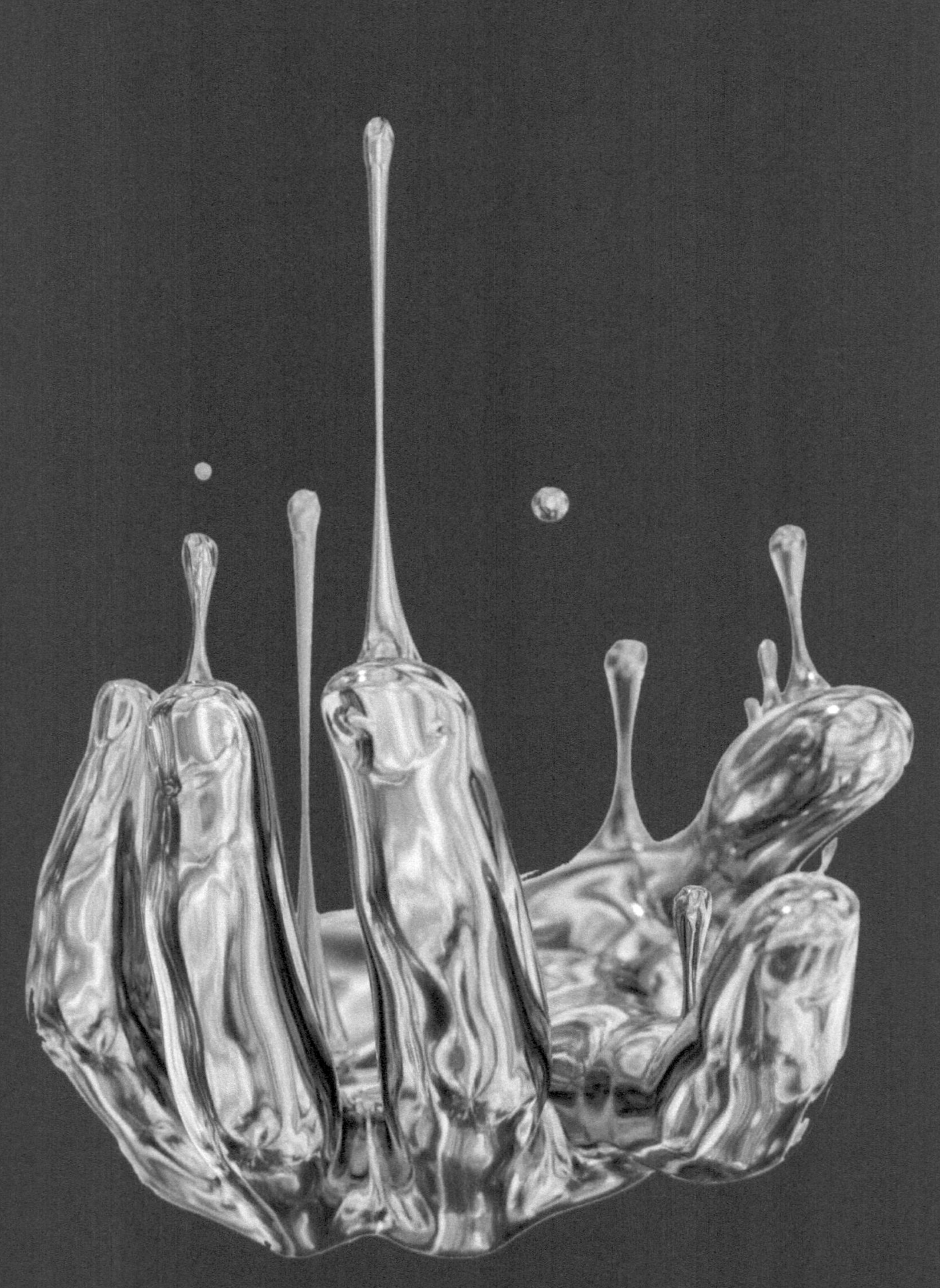

ÍNDICE GENERAL

Introducción

¿Puede algo tan efímero como una flor valer más que una elegante casa en la ciudad de Ámsterdam? En el siglo xvii la fiebre de los tulipanes azotó los Países Bajos. Un bulbo de tulipán podía costar miles de florines. Los ricos gastaban sus fortunas en esta flor exótica y los que menos tenían empeñaban lo que podían para hacerse de esa belleza única de Oriente. Otros se endeudaban para montarse al mercado que creían que crecería para siempre. Muchos se hicieron ricos de la noche a la mañana. Cuenta una historia que un marinero extranjero, sin conocer la rara afición de los holandeses por los tulipanes, confundió un bulbo con una cebolla que desayunó con enorme placer. Cuando el dueño del bulbo descubrió semejante atrocidad, exclamó: "podría haber agasajado suntuosamente al Príncipe de Orange y toda la corte del Stadtholder" (Mackay, 1980, p. 92). El pobre marinero pasó meses en prisión por la locura que se había apoderado de la región. Hoy si uno va a los Países Bajos ve tulipanes por doquier. En ese entonces eran un objeto raro y escaso, novedoso en esas tierras europeas, y, por lo tanto, por un tiempo, bastante caro. La mayor parte del año el bulbo se encuentra bajo tierra, razón por la cual se comenzó a crear un mercado de futuros. Es decir, se fijaba un precio para pagar en el futuro una vez que los bulbos fueran recolectados y entregados. Pero este mercado tenía fecha de vencimiento. En febrero de 1637 la burbuja estalló, los precios comenzaron a caer, los compradores desaparecieron y el país cayó en la quiebra. Así terminó una primavera que había durado demasiado.

Mosaic Virus es una obra del 2019 de la artista inglesa Anna Ridler (figura 1). Allí vemos tres pantallas donde se expone un tulipán en cada una.

Lo curioso es que su apariencia va cambiando según las subidas y bajadas del Bitcoin, la criptomoneda que, como un virus, igual que los tulipanes en el siglo XVII, está volviendo loco al mundo. ¿Estamos ante una nueva burbuja financiera, ante otra psicosis de las masas? El jueves 11 de marzo de 2021 el criptoarte fue noticia en todos los portales del mundo. Ese día se vendió en una subasta por 69,3 millones de dólares un archivo JPG creado por Mike Winkelmann, también conocido como el artista digital Beeple. La imagen susodicha es *Everydays — The First 5000 Days* (figura 2), un collage de todas las obras de Beeple desde el 2007. Su idea en el 2007 fue ir posteando todos los días un dibujo, una obra, para mostrar sus avances en la técnica. Beeple fue ganando popularidad y seguidores con los años. Comenzó a trabajar como diseñador para diferentes marcas. Cuando el Covid-19 estalló alrededor del planeta y su trabajo de diseño se ralentizó, empezó a explorar el mundo de las criptomonedas, las cadenas de bloques y los tokens no fungibles (NFT), que son básicamente certificados digitales de propiedad. Descubrió que había gente que pagaría mucho dinero por una pieza de arte digital registrada como NFT que la autentificara como única. Y entonces a Beeple se le ocurrió reunir en una especie de *collage* todas las imágenes que había producido cotidianamente durante catorce años y lo tituló *Everydays*. Se asoció con la casa de subastas Christie's, que nunca antes había vendido una pieza puramente digital, una obra de arte que no existía en la vida real sino que pertenecía a un mundo virtual. Crearon una subasta en línea para la obra que duró dos semanas. La puja comenzó en 100 dólares. El precio empezó a subir lentamente, luego comenzó a acelerarse, antes de volverse estratosférico en los últimos minutos, donde aumentaba en incrementos de más de un millón de dólares. La oferta ganadora fue de 60 millones de dólares, lo que, sumados todos los gastos adicionales, dejó al comprador con una factura de 69 millones de dólares. Parece mucho dinero por un JPG encriptado. Nadie podía creer la suma pagada. Ni Christie's, ni los especialistas del mercado del arte, ni el mismo Beeple (hay un vídeo en la web que muestra la reacción del artista viendo los últimos minutos de la subasta) esperaban semejante suma de dinero. Beeple se convirtió en el tercer artista vivo más caro de la historia, detrás de Jeff Koons y David Hockney. El 13 de marzo, dos días después de la gran venta, Beeple se ríe de su nuevo puesto entre los grandes artistas montándose sobre el perro inflable de Koons (figura 3). La sonrisa picaresca de Buzz Lightyear (personaje principal de la película infantil *Toy Story*) con orejas de conejo y una zanahoria en la mano recuerda al dibujo animado Bugs Bunny, el personaje de los Looney Tunes que siempre gana con su ingenio. Pero también parece una alusión a *Rabbit*, la escultura de Jeff Koons que fue la obra más cara de un artista vivo de la historia (91,1 millones de dólares). En la descripción de la imagen escribe: "no paro hasta que esté en el MOMA… y luego no pararé hasta que me echen del MOMA, lol".

Pero el comprador no recibirá un objeto que podrá colgar en el living de su casa, sino un archivo digital en su computadora. ¿Cómo puede un JPG, un archivo fácilmente reproducible y al que se puede acceder gratuitamente, valer millones? ¿Estamos ante una nueva tulipomanía? Hito Steyerl sostiene que es una "burbuja para tontos", un divertimento pasajero que expirará (Steyerl, 2021). ¿Estamos, como afirmaba Jean Baudrillard (2007), ante una nueva manifestación de que el arte contemporáneo no es más que un "complot"? O peor aun, ¿no estamos ante un complot (el del arte contemporáneo) montado sobre otro complot (el de las criptofinanzas)? ¿será que no es más que una burbuja dentro de otra burbuja? Quizás no sea más que un absurdo y todo termine, como sostiene Scott Reyburn (2021), con las lágrimas, no digitales sino reales, de los inversores. El propio Beeple se burla de este absurdo aparente que es el mundo del arte. El mismo día que Christie's anunció la subasta de su famosa pieza, publicó *SOME MOMA $HIT* (figura 4). La misma escultura es un *pastiche* que contiene elementos de la cultura pop (nuevamente la cabeza de Buzz Lightyear) y del mundo del arte contemporáneo (la banana con cinta de Maurizio Cattelan pegada en su vientre). Incluso su cuerpo humano no hegemónico y de tamaño desproporcionado (es bastante más grande que sus espectadores) recuerda a la obra de Ron Mueck. Este Frankenstein del arte contemporáneo parece denunciar la absurdidad de este mundillo. Si se lee el texto curatorial al lado de la obra confirmamos esta interpretación:

El sueño imposible de una fruta púbica

Esta pieza pretende explorar la relación del hombre tanto con lo metafísico como con la apropiación cultural de los objetos cotidianos y su relación en el marco de una sociedad postcapitalista en la que los propios fundamentos de los paradigmas generacionales y los símbolos de la cultura pop que se han roto y recontextualizado en una ola tecnológica de aprobación populista dentro de una cultura agraria de pre guerra que es a la vez consciente de sí misma y también despojada de su valor inherente que ha sido comandada por un cuadro ultra-elitista de tropos tangenciales nacidos de la educación de los estilos neoclásicos en la a menudo celebrada tradición de reimaginar la utilidad de sacar la cabeza de la región inferior del trasero.

tldr; mierda para los ricos. (Mi traducción; ver figura 5)

Ese mismo día su famosa obra *Everydays — The First 5000 Days* fue tokenizada para la subasta, es decir, transformada en un NFT. Digamos por ahora que los NFTs son certificados de autenticidad u originalidad asegurados por el sistema de cadena de bloques (*blockchain*), la misma tecnología que hizo posible las monedas digitales. Así el comprador es el único que posee el "original" de la imagen digital creada por Beeple, por más que su nueva adquisición puede ser reproducida y compartida infinidad de veces.

Estoy de acuerdo con Kolja Reichert (2021): más que de una innovación artística, los NFTs se tratan de una nueva tecnología contable (p. 11). Pero estos avances presentan nuevos interrogantes: ¿Qué implicancias tienen estas recientes tecnologías en el futuro próximo del arte? ¿De qué manera transforman los modos de producción artística? ¿Y de consumo? ¿Cómo repercute en los coleccionistas, en el mercado del arte y en las instituciones artísticas, como los museos? ¿Qué cambios traerá esta tecnología incipiente? ¿Es una revolución o más bien es una moda pasajera, una burbuja financiera? ¿Vino el criptoarte para quedarse? ¿Significará una liberación para los artistas de los intermediarios, los museos, las discografías, de todas aquellas instituciones que le confieren a las obras el estatus del arte? ¿O por el contrario terminará de poner a los artistas de rodillas ante el mercado capitalista? ¿Somos testigos del "comienzo del próximo capítulo de la historia del arte", como profetiza Beeple (Hahn, 2021)? ¿Estamos alcanzando una utopía tecnológica o más bien una distopía? Quizás sea aún temprano para apreciar los alcances de este nuevo fenómeno. Quizás aún estemos demasiado encima de la irrupción del así llamado criptoarte para percatarnos de sus consecuencias.

Georg Wilhelm Friedrich Hegel decía que el búho de Minerva, diosa de la sabiduría, debe alzar su vuelo una vez que haya caído el sol (Hegel, 1968, p. 37). Es decir, la reflexión debe comenzar luego de que la jornada haya transcurrido, de que los sucesos hayan quedado atrás, para, en la calma de la noche, meditar sobre lo acontecido. Quizás aún sea pronto para responder estos interrogantes, pero no seré el primer búho ansioso, perdido bajo la luz del día, que se aventura al riesgo de quedar atrapado bajo la fiebre de los tulipanes.

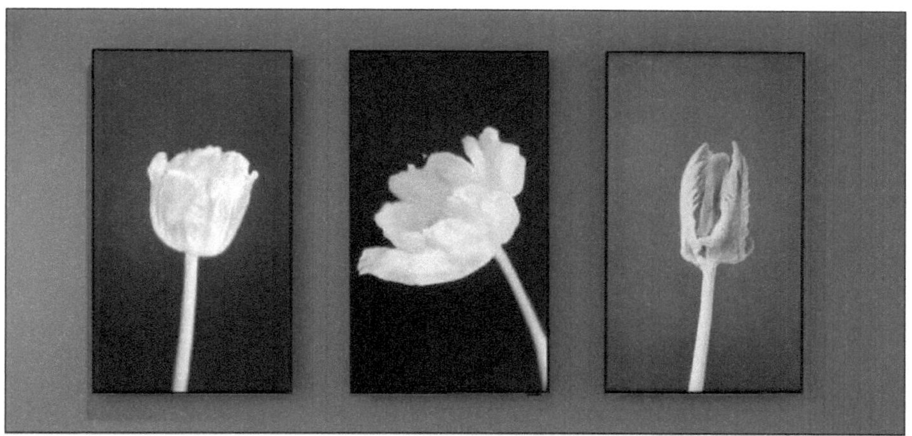

Figura 1. Ridler, Anna. *Mosaic Virus*. Instalación de vídeo GAN de 3 pantallas. 2019, <http://annaridler.com/mosaic-virus>.

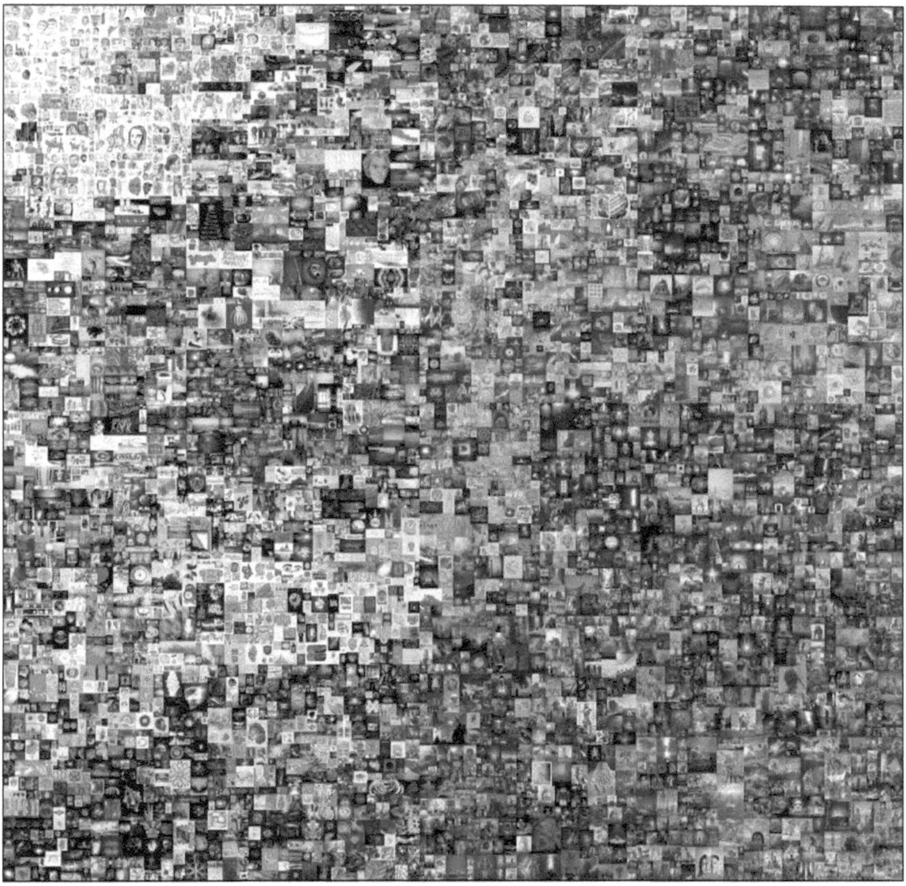

Figura 2. Beeple. *Everydays: The First 5000 Days*. Token no fungible (JPG). 21,069 x 21,069 pixeles (319,168,313 bytes). Tokenizado el 16 de febrero de 2021, <https://onlineonly.christies.com/s/beeple-first-5000-days/beeple-b-1981-1/112924>.

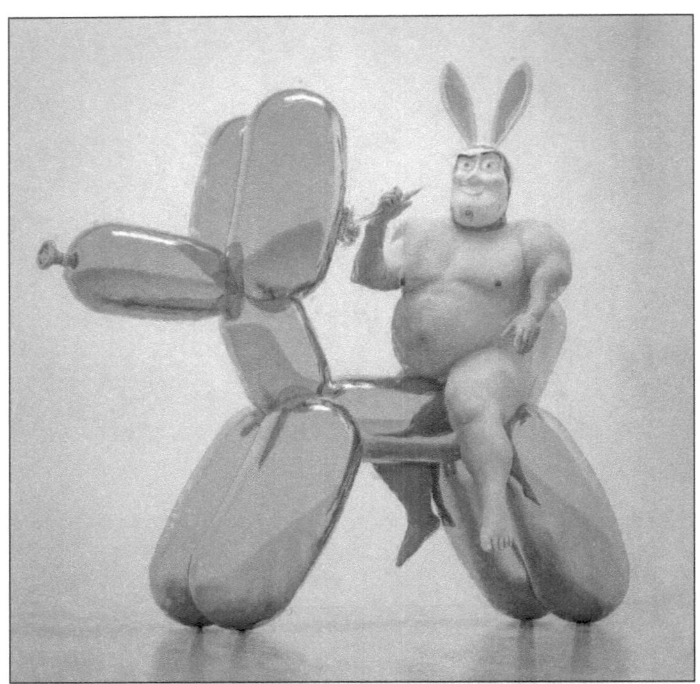

Figura 3.
Beeple, *hey* . Token no fungible. 2500 x 2000 pixeles. Tokenizado el 4 de abril 2021. <https://beeple-collect.com/collection/spring-2021-collection/hey/>.

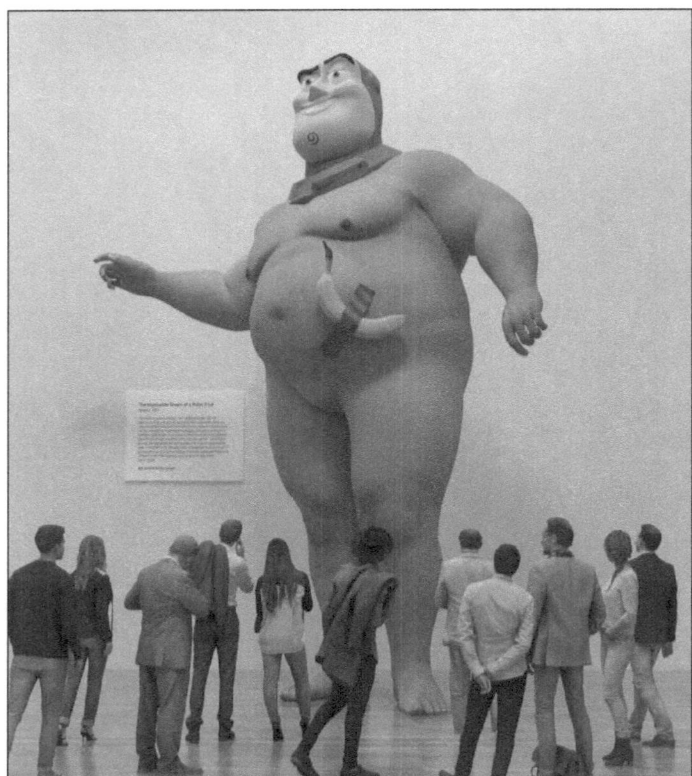

Figura 4.
Beeple, *SOME MOMA $HIT* . Jpg. Subida a Twitter el 17 de febrero de 2021. <https://twitter.com/beeple/status/1361890055984476162?lang=es>.

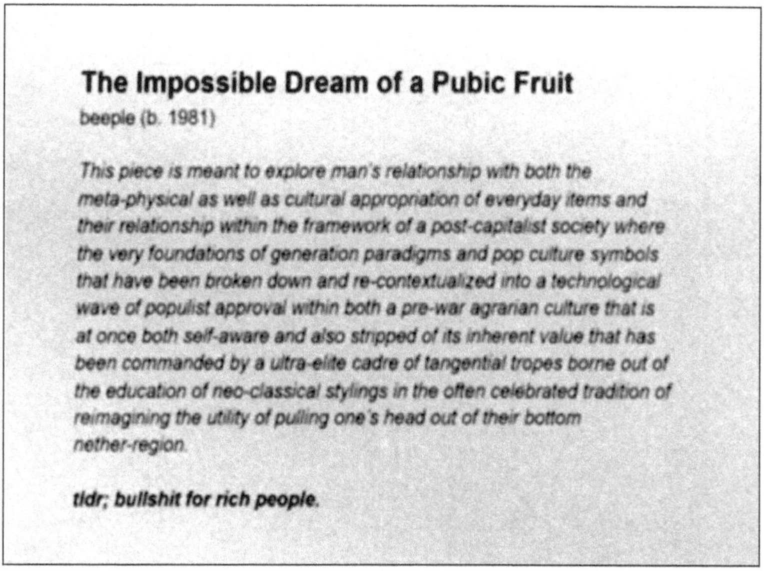

The Impossible Dream of a Pubic Fruit

beeple (b. 1981)

This piece is meant to explore man's relationship with both the meta-physical as well as cultural appropriation of everyday items and their relationship within the framework of a post-capitalist society where the very foundations of generation paradigms and pop culture symbols that have been broken down and re-contextualized into a technological wave of populist approval within both a pre-war agrarian culture that is at once both self-aware and also stripped of its inherent value that has been commanded by a ultra-elite cadre of tangential tropes borne out of the education of neo-classical stylings in the often celebrated tradition of reimagining the utility of pulling one's head out of their bottom nether-region.

tldr; bullshit for rich people.

Figura 5.
Detalle de *SOME MOMA $HIT*.

01

Satoshi Nakamoto, el dios relojero

Los filósofos mecanicistas interpretaron el universo como una gran maquinaria, un conjunto de engranajes que, aunque distintos entre sí, funcionan a la par. El cosmos vendría a ser un inmenso reloj cuyo funcionamiento se rige por las leyes de la naturaleza. Pero si miramos detenidamente un reloj cualquiera y su intrincado mecanismo, ¿alguien pensaría que es un mero producto del azar? Más bien, cabría presuponer que fue creado por alguien, que fue diseñado por alguna mente humana. No entendemos ni cómo funciona ni cómo fue creado, cómo hace que las agujas se muevan con tal precisión marcando la hora exacta, pero semejante artefacto no puede haber surgido espontáneamente, tiene que haber un artífice detrás de esta pieza. De la misma manera, sería una locura pensar que algo tanto más complejo que un reloj, como el universo entero, es producto de una casualidad. Debe haber un Diseñador, un Creador, del cosmos. Este es el famoso argumento del "Dios relojero" que resume William Paley (2010). Dios es el gran artesano que configura cada engranaje del mecanismo y, una vez listo, le da cuerda para que el mundo comience su historia. Ahora bien, luego de acabar la tarea, ¿qué papel ocupa Dios en el universo? Para algunos, los newtonianos, Dios está una y otra vez ajustando los engranajes del cosmos. Para Leibniz esta recurrencia constante a un *Deus ex machina* es absurda porque supone que la obra del Perfecto Artesano no es tan perfecta, dado que necesita ser corregida una y otra vez (Leibniz y Clarke, 1980, pp. 51-52). Muchos deístas creían que Dios puso en marcha la creación y dejó al mundo a su suerte. El perfecto mecanismo, una vez terminado, ya no necesita de la intervención del relojero.

Pero aquí nos convoca otro gran mecanismo, el del *blockchain,* aquello que hace posible las criptomonedas. En el 2008 una crisis económica apabulló al mundo entero y terminó de confirmar el prejuicio criptoanarquista de que los bancos no eran instituciones de fiar.[1] En medio de la desesperación de los financistas de Wall Street un individuo escondido bajo el misterioso pseudónimo de Satoshi Nakamoto sube a la red un escrito titulado "Bitcoin: A Peer-to-Peer Electronic Cash System". Hoy en día éste es considerado el *Whitepaper* de Bitcoin, algo así como su carta magna. La intención original era crear una versión exclusivamente electrónica de efectivo donde las partes tratan directamente sin tener que pasar por un tercero, una institución financiera. El efectivo tiene la particularidad de permitir a dos desconocidos intercambiar valor de forma inmediata. Otra de las características es el anonimato: yo puedo hacer la transacción sin saber quién es el otro. Por otro lado, es un intercambio descentralizado, la interacción se hace directamente entre las partes, sin que haya una mediación, como un banco o cualquier otro agente. Pero el *cash* solo funciona en el mundo físico. En el mundo digital no hay control sobre el intercambio, el usuario no tiene certeza sobre los fondos que dice tener el otro y el riesgo de ser víctima de un fraude es sumamente alto. Yo puedo enviar créditos por una compra infinidad de veces, pero alguien o algo debe garantizar que yo tenga fondos. Por eso son necesarios intermediarios: bancos, tarjetas de crédito, PayPal. Para decirlo sencillamente: si yo quiero comprarle algo a Satoshi con mi tarjeta de débito por 30 dólares, éste consulta a mi banco. Si la institución financiera confirma que hay fondos, se hace la transferencia de dinero y Satoshi me entrega el producto. El banco, a su vez, resta los 30 dólares de mi cuenta. Pero aquí se pierde tanto el anonimato como la descentralización que posibilita el efectivo. Ambas partes deben revelar su identidad a un agente de supuesta confianza y no hay un pago directo, yo le pago al banco o la tarjeta de crédito, que luego le deposita a Satoshi. Además, toda esta mediación agrega muchos costos a

---

1   El bloque génesis de Bitcoin, el primer bloque de la cadena de bloques, traía junto a su código el siguiente texto: "The Times 03/Jan/2009 Chancellor on brink of second bailout for banks" [The Times 03/enero/2009 El canciller al borde del segundo rescate de los bancos]. Es decir, hay una clara alusión al contexto político-económico del momento: Bitcoin se crea para asegurar el ahorro privado frente a los bancos. Recordemos que en el 2008 se utilizaron fondos públicos para rescatar a los bancos y se temía que se haga lo mismo con fondos privados.

las transacciones. Satoshi busca crear un sistema que permita finalmente el efectivo electrónico.

Las criptomonedas revolucionaron el concepto de dinero. Una cripto-divisa es una moneda descentralizada, es decir, que no puede ser regulada y controlada por ningún banco central de ningún Estado. Para lograr esto, las criptomonedas utilizan un software de código abierto, el *blockchain,* una base de datos digital descentralizada que funciona gracias a una cadena de bloques de información compartida, unidos entre sí por algoritmos cripto-gráficos. En otras palabras, es un registro público distribuido y sostenido por una red de computadoras anónimas. La criptomoneda más famosa es el Bitcoin. Básicamente toda transacción de Bitcoin es registrada en un libro de contabilidad descentralizado y validado entre pares. Esta información es copiada en cada computadora que pertenece a la red de Bitcoin, lo que se llama nodo. Si uno envía dinero a otra persona, toda la información de esa transacción (la cantidad enviada, la cantidad que se le debe restar a la cuenta de uno y la que debe sumarse a la del receptor) es registrada en los nodos de la red. Si hay millones de nodos que replican esta información, queda garantizada esa transacción y la "propiedad" de ese o esos bitcoins enviados. Es una red descentralizada que genera consensos sobre el estado de un conjunto de transacciones. La garantía de seguridad se basa en tres razones: (1) un sistema descentralizado es menos propenso a fallar (es poco probable, o prácticamente imposible, que todas las computadoras o nodos que componen la red fallen); (2) son más difíciles de atacar porque no hay un punto central o casa matriz (como en un banco); (3) es mucho más difícil que los participantes se asocien para beneficiarse a costa de otros participan-tes (como puede pasar en un gobierno centralizado). Cuando uno navega en la Web 2.0 su computadora intercambia información con un servidor en el que se almacena el sitio web al que se quiere ingresar. Estos datos son copiados en un solo servidor y, por lo tanto, podría hackearse, destruirse o simplemente desconectarse. En los sistemas de cadenas bloques no hay un servidor central. Al ser replicado en miles de ordenadores, la seguridad es virtualmente infranqueable. Este es el labor de los mineros, un grupo de mercenarios dispersos por todo el mundo que alquilan sus computadoras para registrar, validar y replicar todas las transacciones que se realizan en la red. En otras palabras, son los custodios del libro contable. Los mineros, al poner el material para el proceso de verificación, son compensados con fracciones de Bitcoin. Por tanto, Bitcoin no es localizable físicamente, sino que "vive" en miles de computadoras en todo el mundo.

Pero ¿cómo funciona el *blockchain* o la cadena de bloques? Satoshi Nakamoto logró solucionar el "problema de los generales bizantinos", es decir, cómo generar consenso entre varios individuos a la vez. La situación es la siguiente: un ejército rodea una ciudad desde diferentes flancos y deben tomar una decisión, si retiran sus tropas o proceden con la conquista. Ahora, el problema es, ¿cómo lograr el consenso entre todas las guarniciones que separadamente rodean la ciudad? Las opciones son atacar o retirarse, pero, cualquiera sea la decisión que se tome, deben realizarse coordinadamente y en conjunto. Los generales de cada guarnición, separados entre sí, deben alcanzar una decisión. Separados, no pueden reunirse y votar. Enviar mensajeros trae consigo ciertos riesgos, como que se pierdan o que lleguen a manos enemigas y que envíen respuestas contradictorias. Para resolver este experimento mental, Nakamoto tenía en claro que todos los generales debían poder acceder al registro de los votos. Por lo tanto, los mensaje que se enviaban entre sí debían contener este registro. Pero el voto, sea por atacar o por retirarse, tenía que estar cifrado. Una mera firma no es suficiente, dado que es fácilmente falsificable. El mensaje debía ser decodificado. Cuando el general descifraba el mensaje, lo estaba firmando. Pero justamente para que los enemigos no puedan decodificarlo y firmar dos mensajes, hay un tiempo limitado para que se realice el proceso resolución y votación. Por último, para asegurarse que todos los generarles cuenten con el mismo registro de votos, Satoshi propone que cada uno encadene su mensaje al siguiente. De la misma manera, el *blockchain* es un registro compartido por computadoras, un red entre pares (P2P) descentralizada. Cuando un nodo desea, por ejemplo, registrar una transacción, debe proveer una "prueba de trabajo" (*proof of work*), que no es otra cosa que descifrar el criptograma en diez minutos. Un conjunto de transacciones (alrededor de 3500) forman un bloque y éste se encadena al siguiente. De esta manera las transacciones se ordenan temporalmente y forman así, literalmente, una cadena de bloques.

En resumen, gracias a este sistema, el *blockchain* nos brinda la posibilidad de transferirle propiedad digital a otro usuario de forma segura y totalmente pública. La ventaja respecto a un banco es que ya no es necesario un agente que actúe como intermediario, dado que no es necesario una entidad que deba verificar y autorizar las transacciones. Además la información es totalmente pública, dado que es un proyecto de código abierto. En términos más sencillos, cualquiera puede acceder a este "libro contable" digital y ver las transacciones que se realizaron. Pero al mismo tiempo, paradójicamente, es anónima. Cada usuario posee en el *blockchain* una dirección, una larga serie de dígitos. A menos que yo asocie públicamente mi dirección con mi identidad real, nadie puede saber que yo estoy detrás de 1PPVzjfPZece9mw-JKdPB5Kbhv4JiSemFCu, pero sí se pueden conocer todos los movimientos de esta dirección. Aparte de la dirección pública, el usuario posee una llave privada, la que le permite operar en el *blockchain*. Algo así como una contraseña bancaria. Si yo quiero transferirle 1 bitcoin a alguien, entonces solicito que la dirección X le transfiera a la dirección Y. Nadie sabe que yo estoy detrás de la dirección X, pero, como el registro es abierto, cualquiera puede ver la cantidad que tiene X, las transacciones que hace, el dinero que recibe, etc. Cuando uno hace una transferencia, los nodos controlan que hayan fondos, restan el monto transferido a X y se lo suman a Y. Los nodos ven la transferencia de X a Y, pero no saben quién está detrás de cada dirección. De este modo se garantiza el anonimato.

Luego aparecen otras monedas que emulan al Bitcoin (el ether, monero, ripple), con algunas diferencias técnicas en cuanto a sus funciones y usos. La segunda moneda digital más importante es el ether, concebida por Vitalik Buterin, que funciona sobre el *blockchain* de Ethereum. Esta cadena de bloques tiene un lenguaje más sofisticado que el Bitcoin y permite que los nodos no sólo registren transacciones, sino también que se desplieguen en la red programas ejecutables por los usuarios y desarrollados con el código de programación de Ethereum, utilizando contratos inteligentes, es decir, código informático que se ejecuta cuando se cumplen determinadas condiciones. La diferencia con Bitcoin es que Ethereum no solo permite un libro contable validado por pares, sino un "motor de cómputo descentralizado". A partir de Ethereum es posible crear DAOs, literalmente organizaciones descentralizadas y autónomas, que posibilitan una serie de interacciones sin ningún tipo de control por parte de una entidad humana. El código se ejecuta automáticamente y realiza las acciones preestablecidas. Otra de las nuevas posibilidades que brinda Ethereum son los NFTs, de los que hablaré más adelante.

El 3 de enero de 2009 lo que hoy conocemos como Bitcoin, la primera red entre pares, comenzó finalmente a funcionar. Seguimos sin saber mucho de la identidad del creador. En el 2014 *Newsweek* aseguraba que había encontrado al misterioso programador: Dorian Prentice Satoshi Nakamoto. Los primeros bitcoins fueron creados y minados por el mismo Satoshi Nakamoto, los que se conocen como el bloque de génesis. El presunto genio era un estadounidense con orígenes japoneses instalado en Los Ángeles. Ingeniero informático y libertario, parecía el candidato ideal. Pero luego la cuenta del verdadero Nakamoto negó ser Dorian. Pese a ello, el rostro del estadounidense se volvió la cara visible del creador de Bitcoin en la cultura popular. Véase por ejemplo la imagen creada por Gus Grillasca, un billete conmemorativo de los diez años del bloque génesis donde vemos el rostro de Dorian (figura 6). Pero su verdadera identidad sigue siendo un misterio.

En abril del 2011, luego de haber iniciado a sus discípulos en los secretos de su gran maquinaria, Nakamoto decidió retirarse del proyecto para que éste sea regulado por la misma comunidad. El mecanismo había empezado a mover sus engranajes y el dios relojero, una vez que terminó de gestar su regalo al mundo, desapareció tan misteriosamente como había aparecido.

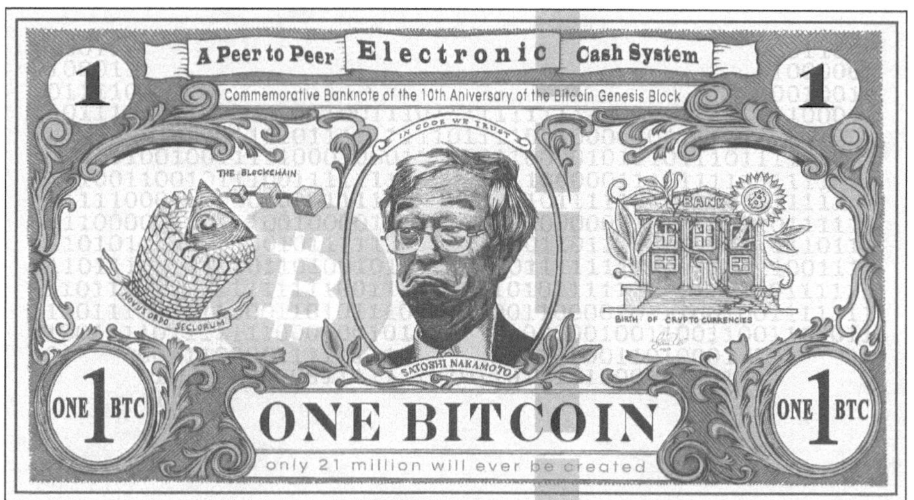

Figura 6. Grillasca, Gus, *BTCBANKNOTE*. Token no fungible (JPG). 1653 x 930 pixeles. Tokenizado el en 2018, <https://www.artolin.io/static/uploads/A111662606302291653577.jpg>.

02

Jano 2.0: Entre la utopía y la distopía

Si Google es una "máquina filosófica" (Groys, 2014, p. 194), la cadena de bloques también lo es. El *blockchain* significa para los libertarios y anarco-capitalistas el cumplimiento de una utopía, la llegada de un nuevo orden político y social ideal. Para los socialistas, en cambio, implica la consolidación de una distopía, de una sociedad de control total. Como sostienen Nathan Jones y Sam Skinner (2017), el *blockchain* se presenta como Jano, el dios de las dos caras: por un lado ofrece un sistema absolutamente transparente y descentralizado y, por ende, aparentemente más igualitario y justo, pero, por el otro, aparece el peligro de la generalización del capitalismo y de la imposición total de una estructura algorítmica que domine todos los aspectos de nuestra vida. Para los libertarios y los anarcocapitalistas, la aparición de Bitcoin significa el fin de todos los males sobre esta tierra. Para los socialistas y pensadores de izquierda, la emergencia de un nuevo fascismo digital. Analicemos cada una de estas posturas.

"Un fantasma recorre el mundo moderno, el fantasma de la criptoanarquía". Con estas palabras arranca Timothy May su manifiesto "criptoanárquico" (1988). Por esos años el ingeniero informático estadounidense preveía que la tecnología nos iba a permitir interactuar entre nosotros de forma anónima. Esto no implica únicamente intercambiar mensajes sino también hacer transacciones económicas o negociar contratos electrónicos sin saber la identidad del otro. Y, por ende, estos intercambios no podrán ser rastreados, lo que pone al Estado en un lugar muy incómodo. Cualquier regulación, control o gravamen será imposible en este futuro digital. En este paraíso anárquico se podrán comercializar secretos estatales, materiales ilícitos o robados, entre otros mercados negros. En otras palabras, gracias a la encriptación de la comunicación y el dinero digital, la tecnología pone en jaque el poder del Estado. Los criptoanarquistas buscan el colapso de los gobiernos por medio de diferentes estrategias como lavado de dinero, evasión de impuestos, mercados de información, paraísos de datos, entre otras cosas. La criptografía es una nueva herramienta para luchar contra el Estado, el enemigo público que coarta las libertades de los ciudadanos. Los Estados tienen una naturaleza tiránica, totalitaria y coercitiva. En este futuro utópico donde las interacciones pueden ser cifradas, se le presentarán serias dificultades a cualquier gobierno para cobrar impuestos, recopilar información de los individuos y regular el comportamiento ya sea de ciudadanos o de corporaciones. Su credo es que "la expansión en el ciberespacio, con comunicaciones seguras, dinero digital, anonimidad y pseudónimos, y otras interacciones medidas por lo cripto, cambiarán profundamente la naturaleza de las economías y las interacciones sociales" (May, 1994). Como el mismo May admite, dadas las implicancias de la criptografía y la desconfianza en la política, el criptoanarquismo conduce al anarcocapitalismo. Esta filosofía política promueve, tal como el nombre lo indica, la anarquía, es decir, una sociedad no regulada por el Estado, pero, a diferencia del anarquismo clásico, vela por la protección de la propiedad privada y sostiene el dinero como forma de intercambio. El Estado no debe tampoco asegurar la seguridad del individuo, la razón por la cual surge éste, según Hobbes, sino que la protección es financiada por fondos privados y no por los impuestos. El *blockchain* se presenta a los ojos de los anarcocapitalistas como un paraíso incorruptible, donde reina la libertad y la justicia, mientras ven el mundo de los bancos y los políticos como putrefacto. Bitcoin hace posible por fin el intercambio de bienes de manera anónima sin necesidad de un Estado centralizado que las regule. Bitcoin se erige como una moneda "para el pueblo por el pueblo", tal como sentencia la obra de Lucho Poletti *Freedom Money* (figura 7). El artista digital toma la iconografía de Guy Fawkes para transmitir estas ideas, un revolucionario que el 5 de noviembre de 1605 quiso poner una bomba en el parlamento inglés con el rey James I dentro. Su máscara se popularizó luego con el cómic *V de Vendetta* y se transformó en un símbolo contra la resistencia de la opresión del Estado. En la obra de Poletti la máscara se vuelve también una metáfora no solo de la anonimidad de Nakamoto, que se mantuvo siempre oculto, sino de la posibilidad que provee Bitcoin a los individuos de permanecer incógnitos ante un Estado vigilante.

De la misma manera Bitcoin cumple el sueño de las posiciones liberales más extremas. Esta es la tesis de David Golumbia en *The Politics of Bitcoin Software as Right-Wing Extremism* (2016). Su tesis es que el pensamiento económico y político de Bitcoin se basa en ideas liberales de extrema derecha. Uno de los temas centrales es la inflación. Para las posiciones neoliberales la inflación, el aumento de la cantidad de moneda en circulación, se debe principalmente a políticas monetarias expansivas por parte de los Estados. En otras palabras, "imprimir dinero". Por lo tanto, la inflación es producto de las acciones de los bancos centrales. Como ya estarán pensando, las posiciones liberales más extremas se acercan a las anarcocapitalistas. Al asumir la presidencia de los Estados Unidos, Ronald Reagan afirmó: "el gobierno no es la solución, el gobierno es el problema". Nakamoto parece sentirse movilizado por las mismas ideas:

> El problema fundamental de la moneda convencional es la confianza que se requiere para que funcione. Hay que confiar en que el banco central no degradará la moneda, pero la historia de las monedas fiduciarias está llena de violaciones de esa confianza. Hay que confiar en que los bancos guarden nuestro dinero y lo transfieran electrónicamente, pero lo prestan en oleadas de burbujas de crédito sin apenas reservar una fracción. (Nakamoto, 2009)

Bitcoin se presenta como una solución a este problema en tanto que es una "moneda dura". No solo se concibió como moneda sin emisor, sin un Estado que la emite, sino también como una moneda cuya emisión es previsible, fundada en reglas estrictas y no sujeta a los caprichos de los bancos o de los gobiernos. Nakamoto estableció que se crearían en total unos 21 millones de bitcoins antes, según estimaciones, del 2140. Este número arbitrario tiene una consecuencia central: nadie jamás podrá emitir más bitcoins que los establecidos en el código. Es decir, el bitcoin es escaso por diseño. De algún modo el bitcoin emula al oro, un elemento que escasea por naturaleza, dado que su presencia en la tierra es limitada. Análogamente solo puedo adquirir el apreciado metal y el bitcoin de dos maneras: o comprándolo, sea con seda o con dólares, o minándolo. Entonces, no solo la emisión es limitada y previsible, sino que ésta no es controlada por el Estado. El *blockchain* viene a cumplir el sueño de los liberales, una moneda liberada de la tutela de los políticos.

La propuesta de un Estado mínimo, limitado a la protección, parece más que nunca aplicable gracias a la tecnología cripto. Gracias a la cadena de bloques resultaría posible un sistema social y económico descentralizado, liberado de todo intermediario y absolutamente transparente. Así el sueño de un mercado de libre competencia, sin que el Estado parasitario inmiscuya sus dedos, se vuelve realidad. Por eso, no es que "la mano invisible" se haya "automatizado" como dice Eric Sadin (2020, p. 202). Esto supondría atentar contra la propia mano invisible, metáfora que alude a la forma en que el libre mercado se autorregula sin la necesidad de una entidad que la limite para alcanzar el bienestar social. Automatizar la mano invisible sería atentar justamente contra la libertad que representa y transformarla en un conjunto de procedimientos predeterminados que funcionan de manera automática. Más bien, lo que se crea es un espacio libre de entes regulatorios para que la supuesta libertad aflore. Un nuevo *wild west* emerge, sin que ningún *sheriff* pueda introducir sus narices.

Por otro lado, hay otras visiones menos optimistas sobre esta supuesta utopía y advierten sobre los peligros de estas nuevas tecnologías. Brett Scott (2016), un antropólogo de la universidad de Cambridge, habla de un tecno-Leviatán y Eric Sadin (2020) de un leviatán algorítmico. Lo "que se encuentra por detrás de la política de la Cadena de Bloques [*blockchain*] es un proyecto tecnócrata, conservador y distópico; un tecno-Leviatán, un cripto-soberano divinizado de cuyas reglas es difícil escapar" (Scott, 2016, p. 13). El leviatán para Hobbes era una maquinaria político y social donde cada uno de sus componentes, cada uno de sus engranajes, estarían conectados entre sí para hacer funcionar el todo, como el mecanismo de un reloj. Eso es lo que permitirá el Bitcoin de una forma mucho más eficiente y totalitaria. Para Brett quizás el Bitcoin como moneda y como objeto de especulación financiera explote, pero lo que no colapsará será esta nueva tecnología. Como vimos, la novedad de Bitcoin radica en haber hecho posible libros contables descentralizados y validados por pares. Luego aparece Ethereum, que permite desarrollar contratos inteligentes. Los *smart contracts* funcionan con la lógica "si X, entonces Y". Por ejemplo, si Mateo no paga el alquiler, automáticamente se le bloquea la puerta de su casa. Este tipo de contratos permite automatizar todo tipo de procesos. De esta manera es posible eliminar cualquier intermediario, desde el Banco Central, hasta los funcionarios del registro de propiedades o los parlamentarios que representan al pueblo en el Congreso, entre otras funciones no monetarias que podrían ser sustituidas por protocolos en la cadena de bloques. En definitiva, de lo que se trata es de eliminar así la mediación de instituciones humanas corruptibles. De esta manera, la lógica algorítmica es un sistema en el que no se necesita la confianza, dado que se asegura el cumplimiento de lo que dice el código. El lema de Bitcoin es "No confíes, verifica" (*Don't Trust, Verify*). Esto es lo que quiere mostrar Nancy Baker Cahill en su instalación *Contract Killers* (figura 8), la fragilidad de todo acuerdo social. Es una serie de realidad aumentada *site specific* que muestra tres apretones de manos que se disuelven en el aire, como la confianza.[2] Con el *blockchain* ya no es necesario confiar en la intervención humana, siempre falible y posiblemente corruptible.

Como se puede apreciar, hay una mirada antropológica bastante individualista: la sociedad soñada no vendría a ser la unión de muchos para ayudarnos mutuamente, sino crear un sistema absolutamente efectivo y autónomo, no mediado por la intencionalidad humana, que garantice que cada individuo pueda seguir su vida sin que el otro atente contra sus intereses. El sueño de la modernidad ahora es posible: un sistema político-económico donde los individuos son absolutamente libres de llevar a cabo sus vidas y disponer de sus bienes sin que el otro lo moleste. El concepto de libertad detrás de esta filosofía es el concepto de libertad negativa, no hay nada externo al individuo que lo coaccione. Hobbes, otra vez: el otro es aquel que me puede dañar o que no me permita desarrollar mi propia libertad. Por temor debemos pactar y darle a una entidad el poder para que nos proteja y asegure la paz. Para Hobbes este rol lo realiza el monarca. Pero el soberano, o el Estado, demostraron que eran falibles y corruptibles. Pactemos, hoy, en el siglo XXI, para protegernos del otro, y que sea el código infalible el que nos proteja. En algún punto, los liberales y criptoanarquistas buscan despolitizar el orden social.

2　Pero la artista también busca hacernos reflexionar sobre la irrupción del *blockchain* y cómo éste posibilitó nuevas formas de concentración de poder.

Bitcoin es una divisa aparentemente apolítica, controlada por nadie, sin un Estado que mete sus sucias manos. Pero esta pretendida *atopía* (*a-topos*: sin lugar) del Bitcoin está más cerca de la fantasía. Como afirma Lawrence Lessig (2009), en Internet el "código es la ley" (p. 31). Todo código es político. Ya no será un Estado o el monarca quien obligue a las partes a cumplir lo pactado, pero será el código el que interferirá. El código asume el rol del monarca hobessiano para hacer cumplir el pacto digital. Hoy el Bitcoin propone una alternativa, nuevas herramientas, pero debemos pensar si el remplazo de todas las instituciones por sistemas descentralizados es algo tan deseable. La utopía podría convertirse en una distopía. Los criptoevangelizadores parecen prometer un paraíso terrenal libre de relaciones de poder. En realidad, es un escape hacia otras dinámicas de poder, ya no controladas por el Estado o las corporaciones, sino por los programadores. Siempre hay alguien, sea Satoshi Nakamoto, sea Vitalik Buterin, o quien sea, que está detrás de la escritura del código. Los programadores son los directores de los protocolos que configuran el mundo de los usuarios. Estos últimos son totalmente y de igual modo "analfabetos", ignoran el *script* que determina sus comportamientos en sociedad (Heidenreich, 1998, p. 82). El tecno-Leviatán, el *blockchain*, funcionaría como una herramienta de automatización total: de la conducta, de las propiedades, de las relaciones y de los intercambios. Lejos de hacer posible únicamente monedas, el *blockchain* constituye un conjunto de protocolos que regula cómo deben comportarse individuos o entidades. Como afirma Erik Bordeleau (2020), los "*blockchains* son máquinas de crear gobernabilidad" (p. 65). La ley, o mejor dicho, la función normativa de la ley es reemplazada, o sería remplazada, por sistemas automáticos programados.

Quinn DuPont (2014) sostiene algo semejante, pero desde un marco teórico deleuzeano. Según Gilles Deleuze (2006), a fines del siglo xx vivimos el paso de la sociedad disciplinar foucaulteana, donde éramos moldeados dentro de los espacios de encierro de distintas instituciones (cárcel, escuela, fábrica), a la sociedad de control, donde el sujeto se ve subsumido a un molde ubicuo, flexible y omnipresente. El control se ejerce ahora mediante el marketing de manera continua. La "criptografía ubicua" es una nueva arma de la sociedad de control. El *blockchain* es una máquina de ordenar invisible y presente en todo tiempo y lugar que se cuela detrás de todas las dimensiones de la vida (desde las transmisiones de Netflix encriptadas a los sistemas económicos como Bitcoin). ¿Estaremos mejor si los *smart contracts* toman decisiones "irreversibles" por nosotros? El código sin rostro humano lentamente se convierte en el garante de la ley más eficiente, remplazando toda autoridad política y judicial.

Mark Alizart (2020), filósofo anglofrancés, propondrá una tercera posición, un tercer rostro del dios Jano: el criptocomunismo. La tesis del filósofo es que las tecnologías cripto no establecerán un régimen "criptoanárquico", sino, por el contrario, un sistema comunitario que no entiende a los individuos atómicamente separados y como meros animales egoístas. El *blockchain* traerá consigo una revolución "criptocomunista", un régimen que promueva la cooperación colectiva. Usualmente se cree, basado en las concreciones históricas comunistas, pero no en los textos de Marx, que el comunismo sostiene un estado intervencionista centralizador, planificador y totalitario. Por el contrario, el filósofo alemán soñaba con una sociedad sin clases, pero también sin Estado. Lejos de lo que sostenían los contractualistas, el Estado, producto del consenso de los individuos, no viene a ser el fin de los conflictos ni a ser un mediador imparcial. Todo lo contrario: el Estado es un instrumento de dominación utilizado por la clase económicamente imperante para subsumir a la clase explotada. El Estado no saca a los hombres del estado de naturaleza, donde reina el todos contra todos, sino más bien exacerba la guerra continua entre los individuos. El Estado supone, entonces, una naturaleza despótica y dictatorial en tanto perpetúa la explotación de una clase sobre otra. Contrariamente a lo que hoy se cree, el Estado no surge para limitar el poder del capital, sino justamente para proteger la propiedad privada y defender sus intereses. Por ello para Marx es necesaria la destrucción del Estado.

Según Alizart el *blockchain* hace posible la eliminación de los bancos y el Estado como intermediarios y esto devendrá en una "apropiación colectiva de los medios de producción monetaria" (pp. 48-49). Esto provoca, por ejemplo, que "cada uno sea su propio banquero", es decir, sea capaz de acuñar moneda. Según Alizart en el futuro habrá miles de monedas digitales como hoy páginas web. Finalmente, Alizart concluye: "Si los socialistas realmente buscan un medio para superar al capitalismo, para destruir al Estado, para hacer progresar la causa ecológica, es allí [en el Bitcoin] que se encuentra y no en las vanas vociferaciones contra el sistema financiero. [...] ¡Criptoproletarios del mundo, uníos!" (Alizart, 2020, pp. 107-108).

¿Qué le depara al futuro? ¿Florecerá en esta tierra un paraíso descentralizado, democrático y transparente? ¿Será la imposición de un férreo sistema algorítmico de control que estipula y determina todo lo que puede suceder desde una visión capitalista? Aún no ha llegado la noche para el búho de Minerva.

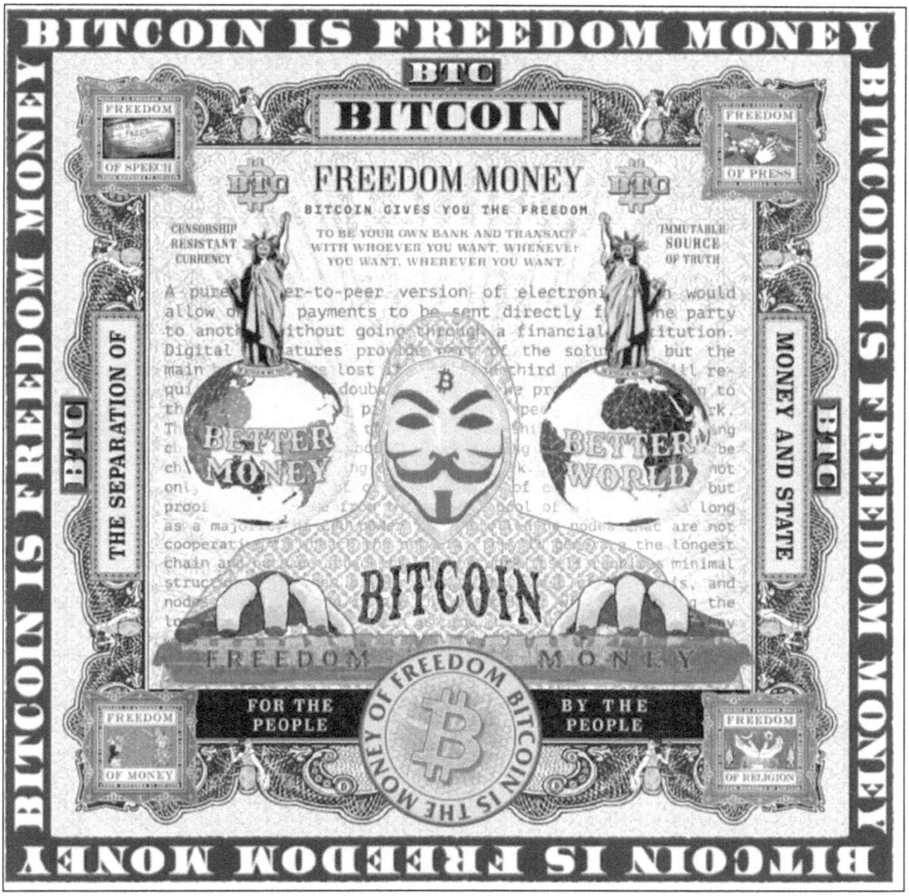

Figura 7. Poletti, Lucho. *Freedom Money*. Tokenizada el 3 de septiembre del 2020, <https://niftygateway.com/marketplace/collection/0x9925b7d92dfe10a4dcef2c873a56c7c3c7c8b656/6?filters[onSale]=true&sortBy=lowest>.

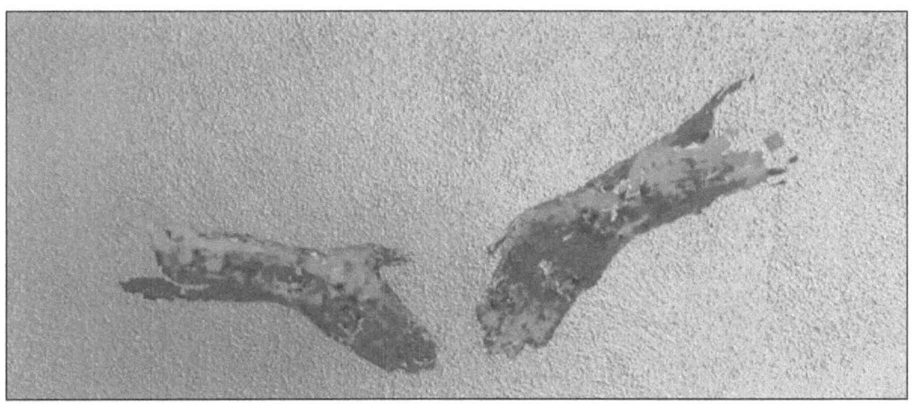

Figura 8. Baker Cahill, Nancy. *Contract Killers*. 2021, <https://drops.snark.art/nancy_baker_cahill>.

03

Artecripto. Producción artística con el *blockchain*

Muy tempranamente los artistas vieron el potencial del *blockchain* para transformar la estructura del orden social y comenzaron a producir a partir de la tecnología cripto. Hoy se llama "criptoarte" a las imágenes minteadas como NFTs (tokens no fungibles), es decir, producciones registradas *en* la cadena de bloques. Pero encontramos ciertos antecesores que comenzaron a trabajar artísticamente *a partir* o *con* el *blockchain*. Aquí arte, tecnología y dinero se entremezclan, generan ciertos híbridos que llamo no criptoarte, sino artecripto. Con este concepto pienso obras cuyo tema no solo está inspirado en la tecnología *blockchain,* sino que incorporan lo cripto en su propio funcionamiento, combinando lo material y lo inmaterial, pero que no son tokens no fungibles. Veamos algunos híbridos, producto de la experimentación en los últimos años.

Uno de los casos más llamativos es el de los plantoides de Primavera De Filippi. Originalmente una académica franco-italiana del mundo del derecho, especializada en propiedad intelectual y derechos de autor, se convirtió en una artista y activista de Internet y artista. El plantoide es algo análogo al androide humano, es un robot diseñado para comportarse y parecer una planta (figura 19). Existen en la actualidad varios especímenes de estos organismos mecánicos alrededor del mundo. De Filippi buscaba crear con el *blockchain* vida autónoma, es decir, creaturas autosustentables y capaces de reproducirse. Vida con todas las letras. Los plantoides son creaturas híbridas que viven en dos ecosistemas, el mundo físico y el mundo digital. Es decir, el plantoide posee un cuerpo, una estructura electromecánica de acero reciclado que aparenta la forma de una planta, y un "espíritu", el código del plantoide que reside en el *blockchain*, un *smart contract* desplegado en la red de Ethereum. El software del plantoide prestablece las reglas de interacción entre el mecanismo y los humanos, las normas de reproducción (por ejemplo qué cantidad de ethers necesita para reproducirse), qué criterios se utilizan para generar sus descendientes, etc. El plantoide, como cualquier ser vivo, busca sobrevivir y reproducirse. Pero, ¿cómo exactamente se reproduce este artilugio mecánico? En una primera etapa la planta debe atraer dinero para financiar su procreación. "Mientras que tradicionalmente las plantas se reproducen a través del proceso de polinización, la reproducción de un plantoide se realiza a través del proceso de capitalización" (De Filippi, 2017, p. 55). La planta debe seducir con la belleza de su cuerpo físico (con sus colores, diseño, movimientos, luces) a sus espectadores. De tener éxito, los individuos pueden enviar a la *wallet* del plantoide, vía un QR, criptomonedas. Es algo así como un *fundraising* para que el plantoide pueda reproducirse. A medida que el plantoide va recibiendo el dinero, la planta se va transformando en una flor cada vez más hermosa, por ejemplo cambiando de color, bailando o reproduciendo música. Es la forma en que el artilugio agradece las contribuciones que se le han hecho. Cada plantoide, que son siempre diferentes, requerirá de distintas cantidades para florecer. "Las plantas tradicionales dependen de la fotosíntesis para convertir la luz en energía. Los plantoides, en cambio, funcionan convirtiendo la belleza en moneda digital" (p. 55). Cuando se alcanza un cierto número de fondos, comienza la fase de apareamiento. Esto implica que el plantoide abre una convocatoria para que artistas, diseñadores, programadores o quien sea presenten propuestas para el diseño del nuevo organismo mecánico que llegará al mundo. Quien gane el concurso se llevará las criptomonedas recaudadas. Pero el diseño propuesto debe respetar el "código genético" del plantoide que se está reproduciendo. El ADN de estas plantas robots, registrado en el *blockchain* de Ethereum, estipula en cada caso ciertos rasgos estéticos para cada especie (como el color, la forma, el tamaño, los materiales a utilizar). Los diseñadores que quieran presentar sus propuestas deberán atenerse a estas normas, pero sin menoscabar su aporte creativo personal. Los contribuyentes serán los que democráticamente decidan la mejor propuesta y, una vez elegida, se le transfiere al artista los fondos para que comience con la producción. El plantoide busca transformar el modelo de autoría y de los derechos de autor.

En lugar de financiar un individuo, un artista, para que produzca lo que le plazca, los mecenas invierten directamente en la obra y ésta, autónomamente, se encargará de seleccionar al artista que tenga el honor de reproducirla.

El *blockchain* permite la vida autónoma de agentes no humanos, lo que despierta muchos interrogantes sobre cómo interactuar con ellos y hasta qué punto se los puede considerar sujetos morales. El colectivo suizo Mediengruppe Bitnik investiga estas posibilidades en *Random Darknet Shopper* (2014). Este consiste en un *bot* de compras online al que se lo proveyó de 100 dólares en bitcoins por semana para que usara libremente. Al hacerse en esta criptomoneda, anónima y encriptada, el *bot* puede surfear tranquilo por la *deep web*. Cada semana el *bot* se sumerge en las profundidades más oscuras de la red para salir de compras y azarosamente elige algún artículo. Este es enviado automáticamente a un espacio de exhibición de la Kunst Halle St. Gallen, Suiza (figura 12). Así, semana a semana, la sala se va llenando de los objetos que este ente autónomo adquiere. Las compras van desde un teléfono móvil a pastillas de viagra, un libro de cocina francesa, una camisa Lacoste, entre otras cosas. Lo interesante fue cuando compró diez pastillas de éxtasis y la policía suiza decidió clausurar la exposición. "¿Puede un robot, o un programa informático, ser encarcelado si comete un delito? ¿Dónde reside la culpabilidad legal si el código es criminal por diseño o por defecto?", se preguntaba Mike Power (2014). La policía incautó las pastillas y procedió a destruirlas por miedo a que sean dañinas para terceros. Toda la exposición fue precintada y clausurada. El colectivo lo interpretó como un ataque al arte y la libertad de expresión. Meses más tarde *Random Darknet Shopper* fue absuelto sin cargos.

Uno de los proyectos más interesantes es *Terra0,* una organización autónoma descentralizada que gestiona sin intervención humana áreas de tierra (figura 17). Básicamente es un bosque que se pertenece a sí mismo. El proyecto busca constituir una forma de administrar un ecosistema natural con agentes no humanos. A partir de procesos estandarizados por contratos inteligentes, el bosque es capaz de vender licencias para talar sus propios árboles (qué se eligen según la edad, la salud y el tamaño) y de este modo reunir capital. Con este dinero, inicialmente, se comprará a sí mismo a quienes comenzaron el proyecto (agentes humanos) y, por otro lado, utilizará lo recaudado para autosustentarse financieramente (pagar sus instalaciones de hardware y bases de datos que necesita para seguir en funcionamiento) y para expandirse comprando más tierra. Bruno Latour soñaba con un "parlamento de las cosas", es decir, instituir una democracia que incluya a los objetos y a los cuasi-objetos, que se les de representación y convivan con los representantes de los actores sociales. "Las naturalezas están presentes, pero con sus representantes, los científicos, que hablan en su nombre. [...] Que uno de los mandatarios hable del agujero de ozono, que otro represente las industrias químicas" (Latour, 2012, p. 209). *Terra0* parece subir la apuesta: los ecosistemas no necesitan representantes humanos, sino que interactúan con ellos como pares, como una entidad autónoma posthumana.

Otro caso es el de Martín Nadal y César Escudero Andaluz, que utilizan el *blockchain* para mostrar desde una perspectiva crítica las consecuencias de esta nueva tecnología. Tomemos por ejemplo *Bittercoin, the worst miner ever* (figura 18). Los artistas hackean una vieja máquina calculadora para minar Bitcoin. Lo que hicieron fue incrustar un microcontrolador de *bluetooth* dentro de la calculadora que a su vez se conecta con un teléfono móvil vinculado al *blockchain*. El aparato recibe de esta manera la información y va mostrando en la pantalla e imprimiendo las operaciones que va validando. Luego de un tiempo, el papel comienza a acumularse en grandes cantidades alrededor de la instalación. De esta manera los artistas buscan denunciar el enorme gasto de recursos naturales, fundamentalmente de energía, que requiere la minería de las criptomonedas. El objetivo de este proyecto es investigar "cómo las prácticas artísticas son capaces de explorar críticamente los procesos de minería de Bitcoin, que es un factor clave para provocar la sospecha de que Bitcoin es peligroso para la sociedad" (Nadal y Escudero Andaluz, 2017, p. 73). Hermanado a este proyecto surge *Bitcoins of Things (BoTs)*, ya no como una instalación en una exposición, sino como un taller didáctico. La idea es que los participantes sean capaces de crear un lúdico minero de Bitcoin a partir de cualquier objeto de la vida cotidiana (figuras 10 y 20). Adhiriendo un microcontrolador a cualquier objeto (por ejemplo, sellos, herramientas o saleros) los participantes lo convierten en mineros de Bitcoin capaces de conectarse al *blockchain* y validar transacciones. Si logran minar el último bloque obtienen una recompensa. Si bien el poder computacional de estos objetos es bajo, y por ende su capacidad como mineros bastante menor, la idea es que la diseminación de los *BoTs* haría el proceso de minería más sustentable.

Otros artistas se concentraron en la relación entre el dinero y el *blockchain*. El argentino Alberto Etchegaray Guevara, también conocido como Cayman, reflexiona en su obra sobre el dinero. *Moneyball* presenta un conjunto de esferas de cristal con dinero triturado (figura 11). Una de éstas, la del centro, tiene el total de un millón de dólares en billetes de cien totalmente destruidos. Otras esferas similares, en total once, contienen once millones de pesos argentinos triturados, en ese entonces equivalente a un millón de dólares. La obra buscaba visibilizar la problemática de la inflación, tema recurrente en las economías periféricas. En ese entonces el dólar en Argentina valía once pesos en el mercado negro, por ello las once esferas. De esta manera el artista muestra físicamente la depreciación del peso frente al dólar, que desde principios de los 2000, cuando ambas divisas estaban a la par, viene cayendo. Aquí no hay ninguna referencia al mundo cripto, pero está en diálogo con la que sigue, posterior, presentada en la bienal de Venecia 2019, *Dollar & Crypto Talks* (figura 15). Allí vuelve a presentar tres esferas de cristal transparentes. Una contiene un millón de dólares triturados. Otra un millón de euros, también despedazados. Pero en la tercera no encontramos papelitos destruidos, sino una pantalla, en la cual se lee "250 bitcoins", el equivalente en ese entonces a un millón de dólares. El objetivo de Echegaray Guevara fue "mostrar el sistema económico del pasado junto al futuro de la economía y convocar a la reflexión sobre cuál es el significado del dinero" (Meaños, 2021). Mientras las divisas tradicionales, alguna vez tan poderosas, yacen destruidas e inservibles ante nuestros ojos, los bitcoins de la tercera esfera no solo siguen sólidamente en su lugar, sino que su precio sigue subiendo, mirando hacia el futuro.

Pero vayamos a la instalación *Priceless (PRCLS)* de los artistas Kevin Abosch y Ai Weiwei (ver figuras 13 y 14).[3] Esta obra es un claro antecedente de lo que hoy se llaman NFTs. La instalación fue expuesta en la exhibición "Perfect & Priceless: Value Systems on the Blockchain" (Perfecto y sin precio: Sistemas de valor en la cadena de bloques) de la Kate Vass Galerie de Zúrich del 16 de noviembre del 2018 al 11 de enero del 2019 y fue curada por el experto suizo en arte digital Georg Bak. Esta obra explora la relación entre el arte y la red del *blockchain*. La pieza híbrida tiene dos dimensiones, una física y otra virtual. Su elemento virtual consiste en "tokenizar" momentos fugaces que no tienen precio. Estos momentos van de "Compartir el té" hasta

---

3   Kevin Abosch, nacido en 1969 en Irlanda, se define a sí mismo como un artista conceptual. Es conocido por sus obras en fotografía, escultura e instalaciones que reflexionan sobre tecnología, el valor, la identidad humana y las criptomonedas. Ai Weiwei, nacido en Pekín en 1957, es un artista y activista chino prolífico, diseñador, escultor, arquitecto, escritor, fotógrafo, cineasta, entre otras cosas. Su obra tiene, por lo general, una fuerte carga social y política, trabaja fundamentalmente en cuestiones que giran en torno a la libertad de expresión, a los derechos humanos, a los valores democráticos, la desigualdad y la justicia social.

"Caminar despreocupadamente por la avenida Schönhauser" (figura 9) o "Hablar sobre el mercado del arte". Todos los momentos aludidos son aquellos que los autores consideran que no tienen precio. "Tokenizar" significa registrar estos momentos como un token ERC-20 en la red del *blockchain* de Ethereum. Un token en el mundo físico es un objeto que tiene cierto valor en un contexto determinado, generalmente sustituyendo el valor de una moneda real. Por ejemplo, las fichas de casino *per se* no tienen ningún valor, pero, en el contexto del casino, representan dinero, están en el lugar de ciertos valores monetarios. Los tokens digitales son objetos digitales generados a partir de un código de programación como *smart contracts* asegurados por el *blockchain* para representar determinado valor. En este caso, el valor de momentos invaluables. Se crearon dos tokens. Uno no está disponible para la venta bajo ningún costo, el otro fue dividido en un millón de fracciones, es decir, miles de millones de individuos alrededor del mundo pudieron acceder a una parte de estos momentos. A su vez cada comprador puede subdividir su pieza adquirida en dieciocho decimales más pequeños. Por otro lado, la obra posee una dimensión física. Una cantidad nominal del token fue puesta en billeteras digitales y las claves fueron destruidas para que no puedan ser nunca recuperados. Las direcciones de estas billeteras se imprimieron en papel en un número limitado de imágenes. En estas 12 piezas impresas se ve la dirección alfanumérica del token en el *blockchain*, una larga serie de dígitos que representan los momentos compartidos entre Abosch y Ai Weiwei (ver figuras 9 y 14).

La instalación claramente reflexiona sobre el tema del valor y particularmente el valor de la vida humana. En un texto del mismo Kevin Abosch (2018a), el artista explica que cuando llegamos al mundo siempre se está intentando atribuirnos valor, como cuando decimos "esta chica tiene potencial" o "este chico no tiene valor". Dice Abosch (2018a): "Gran parte de mi trabajo explora cómo y por qué valoramos cualquier cosa, especialmente cuando consideramos el valor de la vida misma" (Mi traducción).[4] Y esto que sucede en el plano individual, Abosch lo vincula con el valor que se le da o no a ciertas comunidades y etnias, llegando en algunos casos a devaluarlas hasta tal punto que derivan en genocidios. El artista irlandés recuerda a su padre, que fue un refugiado, y a sus abuelos, que murieron en Auschwitz en manos del nazismo. En esta misma línea dice Ai: "Y con los valores es aún más complejo: los derechos humanos, la libertad de expresión, la humanidad: no se puede valorar ni pagar por ello. Sin embargo, la gente presume de valorar menos la libertad o los derechos de los demás, de decir: tu libertad y tu dignidad valen menos que la mía" (Weiwei, 2018. Mi traducción). Según Abosch, lo que intentó con Ai fue relacionar lo que no tiene precio con el mundo de las criptofinanzas para hacer reflexionar a aquellos que solo ven lo que los rodea como mercancía. ¿Qué precio tiene la vida humana? ¿cómo valoramos algo? La obra puede ser leída como un ejemplo de lo que Nicolas Bourriaud (2009) llama altermodernidad, en tanto que la instalación refiere a una problemática global, que nos atañe a todos: el carácter arbitrario de cómo valoramos la vida humana, la mercantilización de la vida cotidiana en el mundo global capitalista y la devaluación de múltiples comunidades o etnias. Es curioso que la obra sea fruto de dos artistas de nacionalidades distintas, de culturas muy diferentes y con historias personales y familiares diversas. Dos artistas nómades que se unen para tratar un tema común y global: el valor de la vida humana. El mismo Ai dice sobre la obra:

> Cuando empecé a ocuparme de ello [el tema de los refugiados], me di cuenta de que yo mismo soy un refugiado. Desde mi nacimiento. Me expulsaron de mi tierra, a la que aún hoy temo, lo que amenazó mi vida. Pero creo que ser un refugiado es una condición generalizada y común. Si no somos refugiados, entonces nuestros padres o abuelos lo son. O más tarde nuestros hijos. Los movimientos de refugiados son un estado natural del mundo, y han provocado muchos avances positivos. Así que no debemos verlos como una supuesta mezcla antinatural, sino como una oportunidad para que la humanidad salga fortalecida de ella. (Weiwei, 2018. Mi traducción)

Como los mismos artistas declaran, la obra tiene la intención de hacer reflexionar a los espectadores sobre cómo valoramos las cosas y, en particular, las vidas humanas. Cuestiona justamente cómo valoramos en distintas

sangrar para la cadena de bloques, su libro de cuentas, a la vista de todos, revelaría que soy una moneda" (2018b; mi traducción).

etapas de nuestra vida esos "momentos": ¿no tienen precio? ¿lo tienen si son impresos y vendidos en la galería? Si un token no tiene literalmente precio, en tanto que no está a la venta, ¿cómo valorar el otro token? ¿y cómo se valúan sus miles de fracciones?

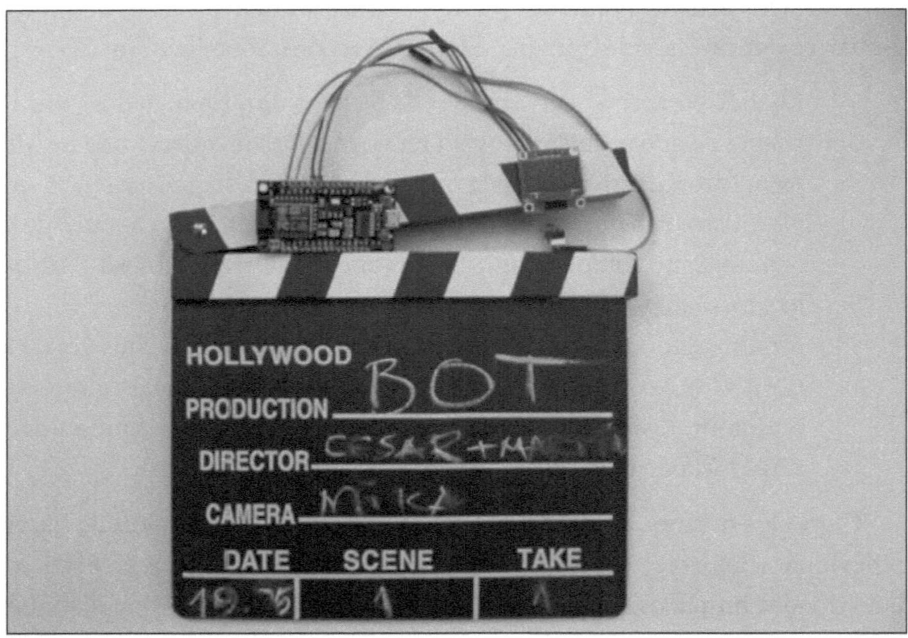

Figura 9. Absoch, Kevin y Weiwei, Ai, *Caminando despreocupadamente por Schönhauser Alle*, Pigmento de archivo sobre papel, 2018.

Figura 10. Ejemplos de *Bitcoins of Things (BotS)*.

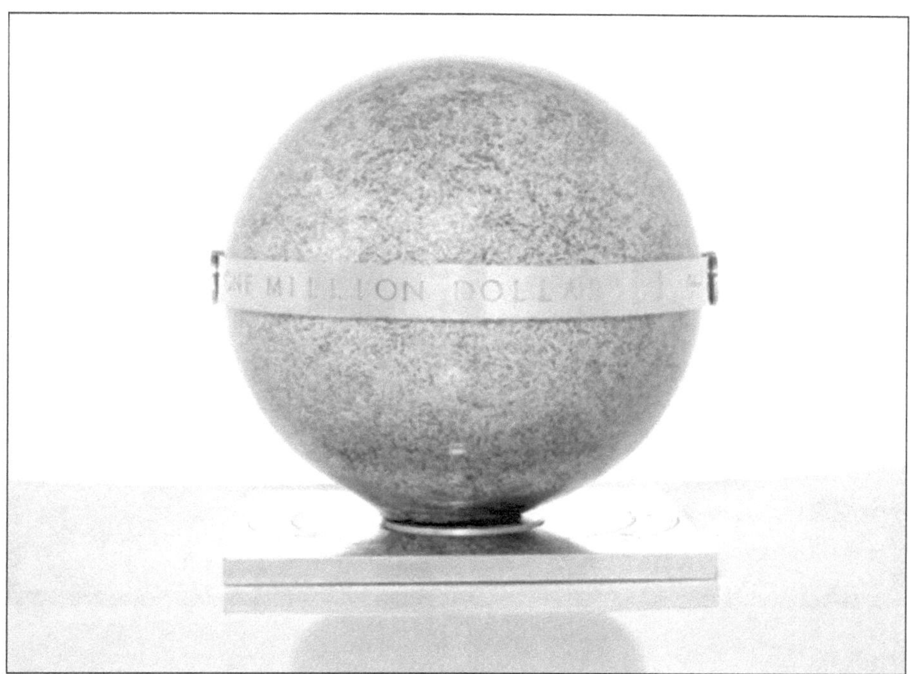

Figura 11. Echegaray Guevara, Alberto. *US Dollar Moneyball*, $1,000,000 Dólares auténticos destruidos, esfera de cristal de Murano, vidrio soplado, acero y baño de plata, 45 x 45 x 50 centímetros, 2014.

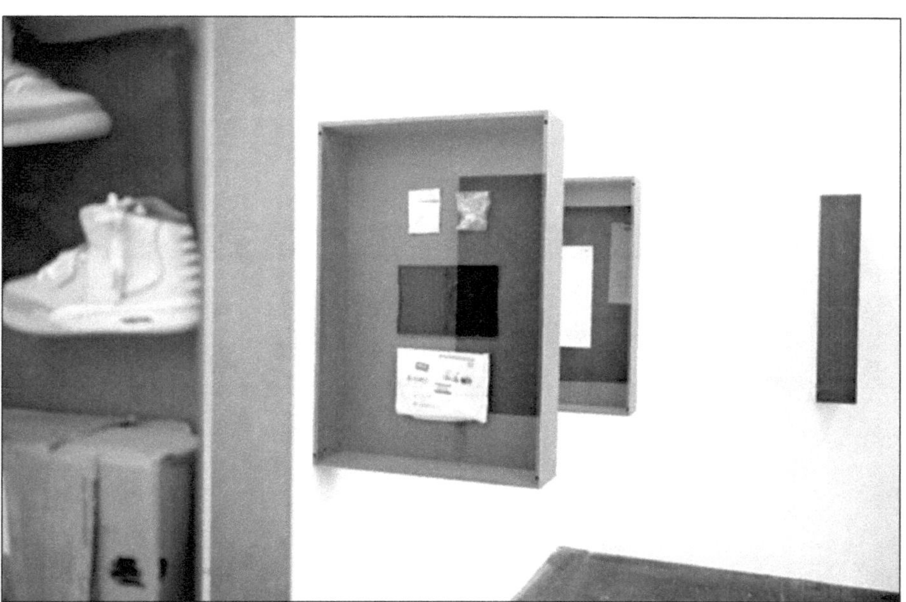

Figura 12. !Mediengruppe Bitnik, *Random Darknet Shopper*, foto de la exhibición en Kunst Halle Sankt Gallen, 2014. Foto: Florian Bachmann / cortesía de !Mediengruppe Bitnik.

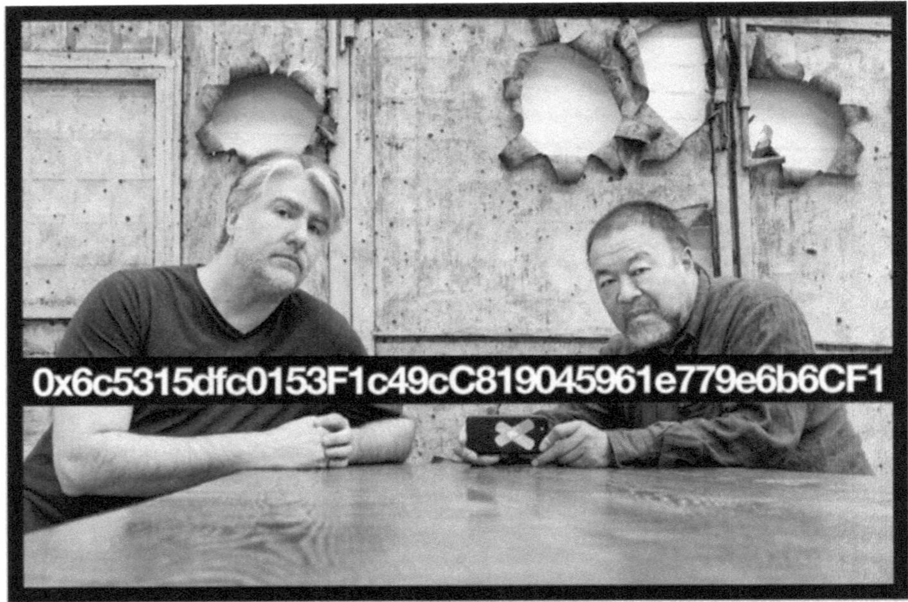

Figura 13. Absoch, Kevin y Weiwei, Ai, fotografía de la muestra *Priceless*, 2018.

Figura 14. Absoch, Kevin y Weiwei, Ai, *Priceless*, Pigmento de archivo sobre papel, firmado a lápiz por los artistas en el anverso, 2018, 43 x 127 cm.

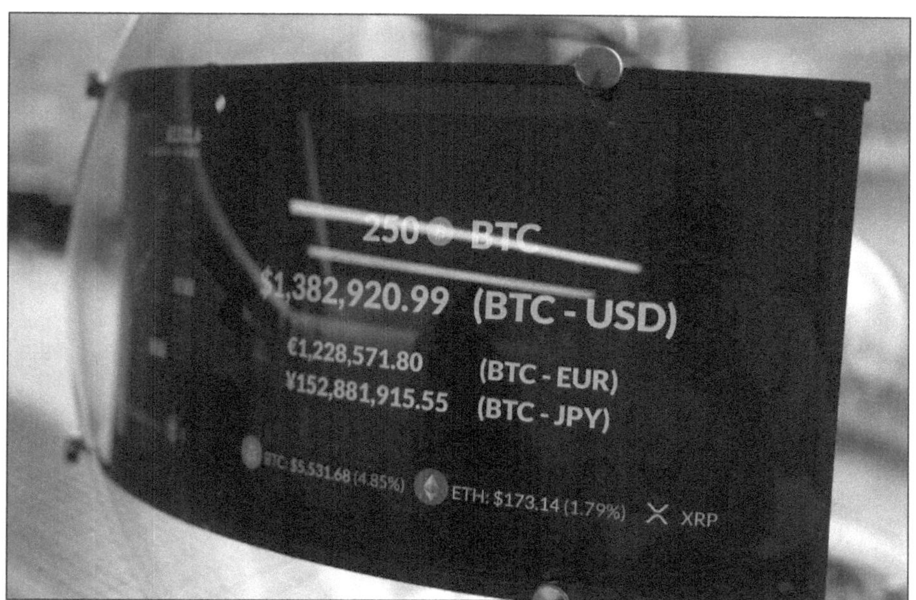

Figura 15. Echegaray Guevara, Alberto. *Dollar & Crypto Talks*, 2018.

Figura 16. Abosch, Kevin, *IAMA Coin*, 2018.

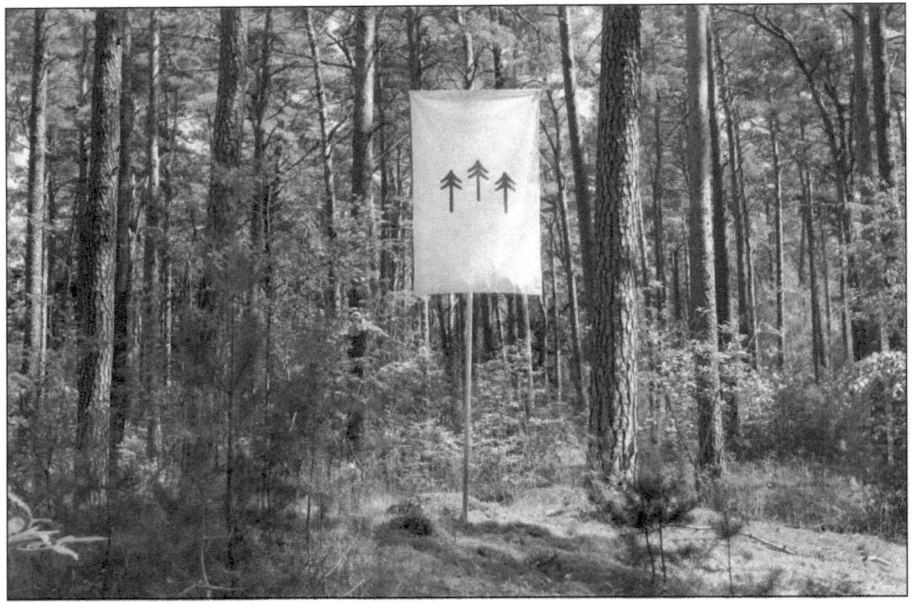

Figura 17. Fotografía de un sector de *Terra0*. Photos © terra0, <https://terra0.org>.

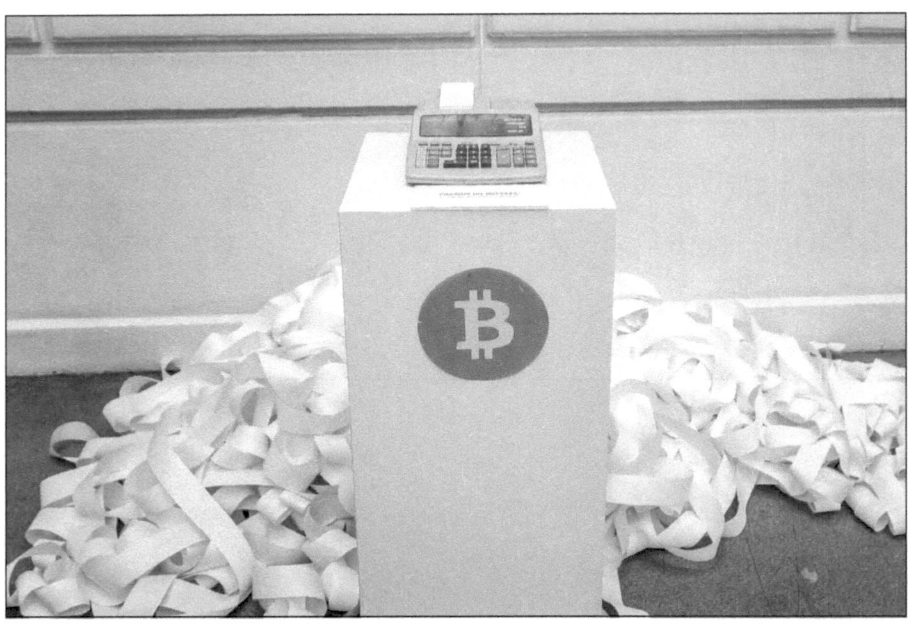

Figura 18. Nadal, Martín y Escudero Andaluz, César, *Bittercoin, the worst minner ever,* Impresora, calculadora y computadora, 40 × 40 × 100 cm.

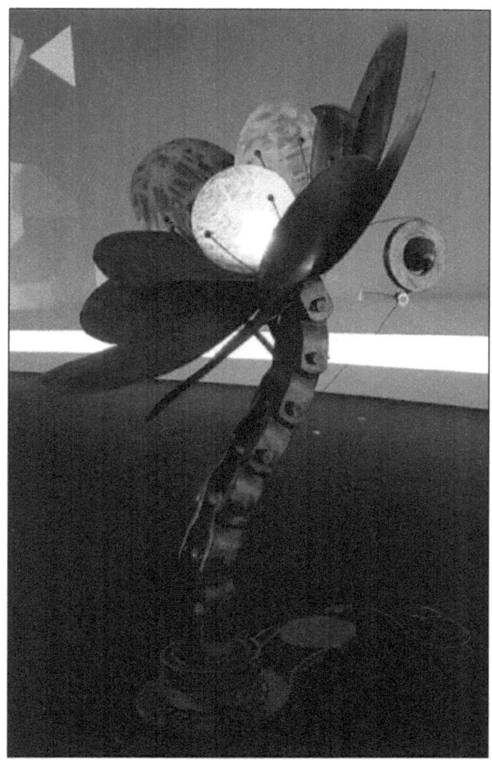

Figura 19.
De Filippi, Primavera y LeDaniel, Yannick, *Plantoid #4 The Butterfly Effect,* 120 cm x 100 cm, 2016.

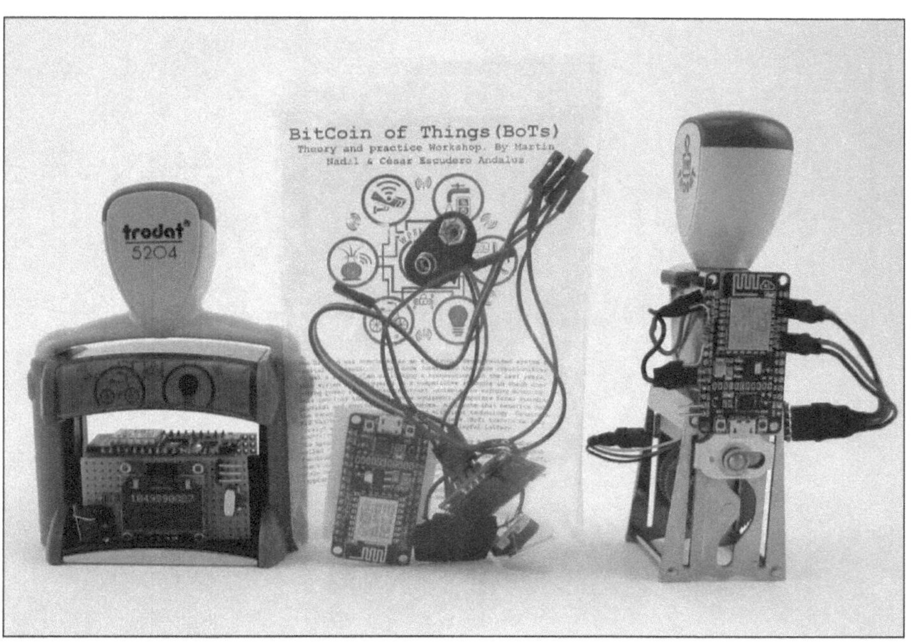

Figura 20. Ejemplos de *Bitcoins of Things (BotS).*

04

El gesto criptográfico

En el 2021 la empresa Injective Protocol adquirió la serigrafía del artista callejero Banksy *Morons (White),* de un valor aproximado de 95.000 dólares en la galería Taglialatella de Nueva York. La imagen nos muestra una subasta de arte en Christie's donde se está rematando una obra que tiene estampada la frase "No puedo creer que ustedes, idiotas, realmente compren esta mierda" (*I can't believe you morons actually buy these shit*). Se trata claramente de una sátira del mercado del arte. La pieza fue minteada como NFT por Pest Control, la única empresa autorizada para autenticar obras de Banksy, para subirla eternamente al mundo virtual. Pero al mismo tiempo, directo por *streaming,* en una noche oscura de Brooklyn, el artista Burnt Banksy tomó la costosa serigrafía y con un encendedor la envolvió en llamas.[5] *Morons* ardió ante miles de espectadores para luego ser subastada en el *blockchain* para que otro "idiota" la atesore en su *wallet* digital. Destruyendo la pieza física, el único original reside en el mundo digital. Esta ceremonia profana, este ritual pagano, pretende ser un gesto que busca anunciar la desmaterialización casi definitiva del arte.[6]

---

5   El video se puede ver en el siguiente enlace: <https://youtu.be/C4wm-p_VFhO>.

6   Y digo casi porque aún se requieren de medios y soportes materiales para poder sostener ese mundo "etéreo", como sistemas de hardware, energía, etc. Como sostiene McKenzie Wark en *A Hacker Manifesto*: "La información es inmaterial, pero nunca existe sin un soporte material. La información puede transferirse de un soporte material a otro, pero no puede desmaterializarse" (2009, p. 127).

Pero, ¿qué es el critpoarte? A principios de 2021 el mercado del criptoarte explotó y en la actualidad se ven muchos artistas digitales vendiendo sus obras a precios exorbitantes, como el caso de Beeple ya mencionado. Los coleccionistas compran imágenes audiovisuales digitales, un JPG, por ejemplo, obras esencialmente reproductibles y accesibles gratuitamente por internet. La diferencia entre este tipo de obras que se venden y sus copias absolutamente accesibles es que de las primeras, gracias al *blockchain*, puede cerciorarse su autenticidad. Por medio del sistema de cadena de bloques los artistas pueden certificar la originalidad de sus obras digitales, pueden sellar y autenticar que determinada imagen es la original y, por tanto, única y distinta, pese a que no haya ninguna diferencia visual con el resto de sus copias virtuales. Criptoarte, entonces, no refiere a una nueva corriente estética, sino más bien a una nueva forma de autenticar las obras y hacer transacciones en el mundo del arte. Esto genera claramente, en contraste con el internet como "contenedor de copias innumerables", una escasez de obras, dado que los originales son finitos. Allí radica la esencia del negocio: la oferta se contrae y la demanda, día a día, aumenta.

En octubre de 2016, antes de la aparición de los NFTs, Hito Steyerl planteaba el arte como una moneda alternativa a las criptodivisas. De alguna manera el arte cumple con las mismas características del ether y del bitcoin: "el arte es un sistema de valor en red, descentralizado y extendido" (Steyerl, 2018, p. 251). No existe una institución central que determine el valor de una pieza, sino que se configura a partir de una serie de individuos pertenecientes al mundo del arte (críticos, curadores, artistas, mecenas, coleccionistas, etc.). Pero a partir de la creación de los NFTs la unión entre arte y *blockchain* parece alcanzar otro nivel. El primer NFT reconocido como tal es *Quantum*, una obra de Kevin McCoy de 2014 (figura 21). La misma fue vendida por la casa de subastas Sotheby's en junio de 2021 por 1,4 millones de dólares. *Quantum* es un software que genera constantemente nuevas imágenes en *loop*. Algo así como un caleidoscopio digital. En 2017 aparecen los *CryptoKitties* (figura 22). Estos gatitos virtuales eran parte de un juego de *blockchain* montado sobre Ethereum que le permite a los usuarios comprar estos gatitos, coleccionarlos, criarlos y venderlos. Los *CryptoKitties* fueron unos de los primeros NFTs. El más caro de éstos fue vendido en 600 ETH, que en ese momento equivalía a ciento setenta mil dólares. En 2017 Larva Labs creó los *CryptoPunks* (figura 23), un conjunto de NFTs. Es una serie de diez mil imágenes de 24 x 24 píxeles del mismo rostro con distintas variantes (sombreros, cigarrillos, anteojos, peinados, etc.) que hace a cada uno una combinación única. Dylan Field, el CEO de Figma, llegó a afirmar que *CryptoPunk #7804,* que por un tiempo fue suyo, era "la Mona Lisa digital". Esta obra fue vendida en 7,5 millones el 11 de marzo de 2021. Otro de los primeros NFTs fueron los *Rare Pepes,* distintos memes donde se ve la famosa figura de Pepe la rana con diferentes variantes. En 2018 en el Rare Art Labs Digital Art Festival se vendió *Homer Pepe* (figura 24) por lo que en ese momento equivalía a 39 mil dólares, la venta más cara de NFTs en ese entonces. Este festival es considerado uno de los hitos en la historia del criptoarte. Como se puede apreciar, Beeple fue la consagración de un mercado que venía creciendo ya en los últimos años.

El criptoarte es posible, como dijimos, gracias a los NFTs, que significa *Non Fungible Token.* Un NFT es una unidad de datos almacenada en una *blockchain,* que certifica su propietario y su carácter único. Estos activos digitales pueden representar una obra de arte o una parte de una obra de arte. Por eso se pueden fraccionar y una misma obra puede tener diferentes propietarios. Un NFT señala una dirección pública en una cadena de bloques. Cuando uno mintea una obra, por ejemplo el *Everydays* de Beeple, lo que hace es registrar como un token ERC-721 en la cadena de bloques de Ethereum. Este token tiene un número de identificación, en este caso 40913. Al tokenizar la imagen se crea un *smart contract* donde se almacena el número de identificación, la dirección de un archivo con metadatos donde hay información del NFT y la dirección de la billetera del propietario, en este caso MetaKovan. Si se mintea una obra de arte, el NFT carga con cierta información: el enlace de la obra, la fecha en que fue en creada, el autor, un texto y el comprador. Toda esta información queda ligada al token. "Fungible" significa que es equivalente a otro (es indistinto cuál billete de un dólar tengo en mi billetera, todos valen lo mismo). Los bitcoins o los ethers son fungibles, dado que el bitcoin que reside en mi *wallet* tiene el mismo valor que un bitcoin en la cartera de MetaKovan. En este caso los tokens son no fungibles, es decir, este objeto digital y la metadata que carga es única y no puede ni duplicarse ni alterarse. Por primera vez todo el proceso de la obra es digital: su producción, su compra, su consumo y su autentificación. *Priceless,* la obra de Ai Weiwei y Kevin Abosch, no es aún un NFT porque los tokens ERC-20 son fungibles. En el caso de los NFTs, cada uno es único e irrepetible, hace de una pieza, una obra irreproducible. Una obra de arte es falsificable o puede ser robada, un NFT no. Es cierto, no la encontramos en un espacio físico, pero sí se da en un tiempo y espacio digital. El artista Beeple lo explica del siguiente modo:

> Cualquiera puede sacar una foto de la Mona Lisa, pero esto no significa que yo posea la Mona Lisa. […] Otra [analogía] que me gusta usar es la del MP3. Puedes tener una copia de *Thriller* de Michael Jackson, pero … no vas a poder convencer a la gente de que eres dueño de las grabaciones maestras de *Thriller*. […] Todavía puedes tener copias de arte digital en línea y todos pueden verlas, pero la cadena de bloques, la NFT, es lo que prueba que es de esta persona. (Stankiewicz, 2021)

Ochenta y cinco años atrás aparecía por primera vez el texto de Walter Benjamin "La obra de arte en la época de su reproductibilidad técnica" en *Zeitschrift für Sozialforschung*. En este escrito el filósofo alemán se propone estudiar dos nuevos lenguajes artísticos que surgen con los avances tecnológicos a principios del siglo xx: el cine y la fotografía. A su vez, quiere investigar cómo estos influyen en el acceso y recepción de las obras de arte. El carácter específico de estas nuevas formas de arte es su reproductibilidad técnica, no existe un original, sino que inevitablemente hay múltiples muestras. Obviamente que antes era posible reproducir obras (en grabados, xilografías, litografías, copias artesanales, etc.). Pero la novedad radica en la posibilidad de reproducir mecánicamente, lo que no solo supone un acceso a las obras mucho mayor, sino nuevos procedimientos artísticos, propios del cine y la fotografía. Para Benjamin la irrupción de estas tecnologías supone el fin del aura en la obra de arte. Digamos, por ahora, que el aura es aquello que solo posee el original, no la copia, ese carácter único e irrepetible que solo se experimenta ante la presencia y autoridad del ejemplar auténtico. Esta experiencia se podía dar ante un cuadro en un museo, pero no ante la fotografía de la misma pintura en un catálogo. El mundo virtual de algún modo ha exacerbado, gracias a la reproductibilidad digital, no solo la difusión y el acceso masivo, sino también la producción masiva de contenidos artísticos. Pero esta nueva forma de autenticar o certificar la originalidad de un producto fácilmente reproducible, como un archivo JPG, ¿no hace posible el retorno de aquello que Benjamin creía perdido? ¿Podemos hablar de aura en la era digital? Los NFTs, en tanto que hacen posible que nuevamente haya un "original", transforman el modo en que el espectador se relaciona con el arte digital. En otras palabras, la tecnología del *blockchain* permite el retorno del aura.

La época de la reproductibilidad digital ha inundado de imágenes nuestras vidas. Google ha quebrado cualquier tipo de frontera y ha democratizado el acceso a las imágenes. Nadie tiene que viajar a París para conocer las pinturas de Monet o a Roma para conocer el Coliseo. Benjamin se percató de estas posibilidades mucho antes de la aparición de internet. El avance de las cámaras fotográficas y de filmación ha permitido una inmensa producción de copias, de reproducciones, y, por ende, la posibilidad de un consumo masivo de éstas. Pero para Walter Benjamin hay algo que no puede ser copiado por más perfecta que sea la reproducción: el aura de la obra. En "Pequeña historia de la fotografía" define el aura del siguiente modo:

> Pero ¿qué es propiamente el aura? Una trama muy especial de espacio y tiempo: la irrepetible aparición de una lejanía, por cerca que pueda encontrarse. En un mediodía de verano, seguir con toda calma el perfil de una cordillera en el horizonte o una rama que proyecta su sombre sobre quien la contempla, hasta que el momento o la hora llegan a formar parte de su aparición, esto significa respirar el aura de esas montañas, de esa rama. (Benjamin, 2015a, pp. 41-42)

Es curioso que Benjamin elija comparar el aura de una obra de arte, un objeto culturalmente construido, con un fenómeno de la naturaleza. Esta misma comparación reaparece en "La obra de arte en la época de la reproductibilidad técnica". La tesis es la siguiente: el aura nunca puede reproducirse en una fotografía, no es lo mismo estar ante una imponente montaña que ver su reproducción en un teléfono móvil. Hay una cierta presencia que se pierde, "su presencia en el tiempo y el espacio, su existencia única en el lugar en el que está, que se refiere a la historia a la que estuvo sujeta a lo largo de su existencia" (Benjamin, 2015b, p. 26). Giampero Moretti compara el aura de Benjamin con el concepto de "aura" o "nimbo" de Ludwig Klages en *Der Geist als Widersacher der Seele* (2013, pp. 149-159). Klages entiende el aura como aquello que antiguamente se llamaba el *genius loci*, esa "atmósfera" particular, única e irrepetible, de un objeto, un lugar o una persona (cf. Ibarlucia, 2020, p. 179). En palabras de Boris Groys, el aura refiere a la relación entre la obra y su contexto, el lugar particular donde se da la pieza y gracias al cual ésta se inserta en un determinado momento histórico. Y este espacio-tiempo es lo que hace a la obra única (Groys, 2016, p. 157). La obra de arte, del mismo modo que el paisaje del ejemplo, posee un aura que solamente es perceptible ante su presencia. Benjamin también define el aura como "la irrepetible aparición de una lejanía". Lejanía aquí tiene que ver con algo inaprensible, indomable, lo lejano en cuanto no aproximable, más allá de cuán cerca esté espacialmente de la obra. Con los avances técnicos de la fotografía y la cinematografía cambia el modo en que se nos presenta la obra de arte. Ante la reproducción de una escultura o una pintura el aura se disipa, se pierde ese *genius loci* del original, se arranca a la obra de ese espacio temporal donde se encuentra la pieza auténtica y, por lo tanto, se la deshistorializa. Por más perfecta y precisa que sea la copia, siempre faltará ese elemento indeterminado que es el aura. Pero, como sostiene Diarmuid Costello (2006, p. 167), el aura no es meramente una característica del objeto, no es una propiedad de la obra, sino que está ligado a la estructura de la percepción de ésta, es decir, el aura remite al espectro del sujeto. Imagínese que por razones de seguridad se remplaza en el Louvre la *Gioconda* por una copia perfecta. Muy posiblemente la experiencia estética del espectador ante la copia no cambiaría, el aura no desaparecería, dado que creería que está ante el original. Este concepto habla más bien de cómo el sujeto se encuentra con cierto tipo de objetos. Pero esto último no contradice lo anterior, recordemos que el aura es definida como una aparición y ésta es posible solo ante un sujeto. El conocimiento del contexto de la obra, la percepción de esta "atmósfera" que la rodea, es lo que nos permite experimentar su aura.

Según Benjamin el aura tiene un doble origen: (1) por un lado, la autenticidad y el carácter único de la obra original; (2) por el otro, el valor cultural que se le da a la obra, esto es, cierto valor que se la adjudica y genera veneración. Antiguamente las obras de arte estaban ligadas a determinados ritos mágicos o religiosos, lo que les confería cierto "aura". Pero el valor cultural se mantiene a lo largo de los años pese a la secularización. En el arte renacentista, por ejemplo, se le sigue rindiendo culto a la obra, no tanto ya por los valores sagrados que transmite, sino al original en tanto huella de la mano del genio. Con los avances técnicos la obra de arte se independiza de su valor cultural dado que desaparece el original. Pero esta capacidad de reproducción, y por tanto su acceso masivo, no es un accidente, sino su fundamento. La fotografía y la película no tienen original, no hay una copia más original que otra, sino que son esencialmente reproductibles. Mientras el valor cultural de una obra va disminuyendo, aumenta su valor exhibitivo.

Cuanto menos culto se le rinde, más se dan ocasiones de exhibición. Muchas obras, al ser parte de un rito o una práctica religiosa, permanecían ocultas. La estatua de Palas Atenea, por ejemplo, residía en interior del Partenón lejos de los habitantes de la polis y sólo podían acceder a ella los sacerdotes del templo. Pero el valor exhibitivo no se reduce al acceso únicamente. Una escultura podía estar ante los ojos de todos sin ser apreciada. Solo cuando la escultura de Júpiter se desprende de su valor religioso, es decir, deja de ser considerada un dios al que se debe adorar y venerar, es realmente vista en su valor estético, la obra es considerada obra de arte. O como dice Luis Juan Guerrero, "el poema nombraba a lo Sagrado (es decir, lo invocaba, en el sentido estricto de darle voz), y por eso los hombres oían lo Sagrado y no el poema propiamente dicho" (2008, p. 126).

Pero ya han pasado casi noventa años del escrito de Benjamin y mucho se ha avanzado respecto al cine y la fotografía. En los últimos treinta años muchos han analizado la relación entre el ensayo del filósofo alemán y la actualidad digital (Costello, 2006; D. Davis, 1995; Gumbrecht y Marrinan, 2003; Harvey, 2015; Thomson, 1998). Hoy vivimos, al decir de Boris Groys, en la época de la reproducción digital (2014, p. 177). Las imágenes digitales se propagan y multiplican muchísimo más rápido que los medios analógicos. Incluso los medios digitales son mucho más efectivos en los procesos de reproducción: lo que se copia es el código, la información digital, que luego se hace visible (Groys, 2014, p. 189). En este contexto de reproducción masiva, la frontera entre copia y original tiende a difuminarse. "La reproducción está tan infectada por la originalidad como la originalidad está infectada por la reproducción" (Groys, 2014, pp. 64-65). La digitalización permite tal difusión de sus "copias", que éstas pueden presentarse en contextos muy diversos. Cada cambio de contexto significa para Groys un nuevo original, dado que la interpretación que se le da es totalmente diferente y, por tanto, no estamos hablando de lo "mismo". Aquí interpretación no es interpretación humana del contenido de la imagen, sino interpretación computacional del código que hace posible la visualización de la imagen. Si cada copia reproduce un código, entonces no hay una imagen original visible, sino un código invisible que la hace posible. En cada interpretación del código se le brinda "un aquí y ahora", se le provee un contexto de aparición. "Cada copia es en sí misma un *flâneur* experimentado, una y otra vez, su propia 'iluminación profana' que lo convierte en original" (Groys, 2014, p. 65). Cada reproducción de la imagen es una *performance* única que la transforma en un nuevo original. El argumento de Groys puede corroborarse fácilmente en el fenómeno del color: dependiendo del dispositivo, sea la computadora, un *smartphone*, un televisor o un proyector, el color se ve en cada caso ligeramente diferente. ¿Cuál es el color original? Imposible saberlo, dado que siempre depende del dispositivo en que la obra es reproducida.

Las obras siguen siendo reproductibles gracias a la digitalización. Por ejemplo, *Everydays — The First 5000 Days* es fácil de copiar y de difundir (incluso se puede apreciar una copia en este libro). El *blockchain* y la aparición de los NFTs hizo posible que una pieza digital sea única e irrepetible. Beeple, el artista digital más importante actualmente, ya venía buscando formas de certificar la autenticidad y unicidad de sus obras digitales por otros medios. En diciembre de 2020, unos meses antes de su venta récord, el artista digital seleccionó un conjunto de imágenes de sus *Everydays*, las reunió y minteó como NFTs y las subastó. Quien se llevara esta colección recibiría también ciertos accesorios físicos, un marco de imagen digital que mostraba las imágenes adquiridas, un certificado de autenticidad y una muestra de cabello del artista como última garantía de la originalidad de la obra.

¿Implica la introducción de los NFTs el retorno del aura? Los NFTs traen dos novedades: la posibilidad de autentificar piezas digitales originales y, en consecuencia, la posibilidad de coleccionarlas. La pregunta es si estos nuevos avances transformarán el modo en que nos relacionamos con las obras de arte, particularmente las digitales. El fenómeno del criptoarte es aún reciente, pero es posible marcar algunas diferencias en el consumo de las imágenes en el entorno virtual gracias al *blockchain*. Hito Steyerl, antes de la aparición de los NFTs, describía el internet como un contenedor de imágenes pobres, "la basura arrojada a las playas de las economías digitales" (Steyerl, 2014, p. 34). Una imagen pobre es una imagen sumamente comprimida, de baja resolución, lo que deteriora su calidad y gracias a lo cual puede viajar rápidamente por la red. "Transforma la calidad en accesibilidad, el valor de exhibición en valor de culto, las películas en clips, la contemplación en distracción" (Steyerl, 2014, p. 34). La alusión a Benjamin es evidente. La imagen pobre es una copia sumamente degradada del original, de origen dudoso y que presenta dificultades en las cuestiones de patrimonio y *copyright*. Sin embargo, Steyerl, "en defensa de la imagen pobre", tal como se titula su ensayo, les reconoce cierto "aura". Éste ya no se funda en la autenticidad del original, sino, por el contrario, en la transitoriedad de la imagen. Ésta circula por ámbitos alternativos y logra alcances masivos que le confiere ante miles espectadores dispersos un cierto "aura" (p. 44). Pensemos por ejemplo en Pepe la rana que comenzó siendo un meme muy popular. Groys (2009) sostiene algo parecido, las obras son topológicamente indeterminadas, desterritorializadas, dislocadas. Ya vimos que para Groys el aura de las obras digitales tiene que ver con su posibilidad de aparecer en nuevos contextos, de relocalizarse. Para Benjamin el aura se da gracias a ese *hic et nunc* (aquí y ahora) de la obra, su presencia única en el tiempo y el espacio. Pero los NFTs parecerían cambiar esta cuestión: hoy es posible que un archivo digital posea un *hic et nunc*[7] único en el *blockchain*. Y por eso permite autentificar la originalidad de una pieza digital. De este modo, no solo la obra recupera su autenticidad y originalidad, sino otras características que había perdido ante las nuevas tecnologías de reproducción, como la singularidad y permanencia. Gracias a la fotografía y el cine lo que era valorado como único y singular pasa a ser un objeto de consumo masivo. Al haber un original digital, la obra vuelve a ser única y singular y, además, frente a la transitoriedad de sus copias digitales, permanente. Antes de los NFTs nadie podía asegurar que las copias digitales sean auténticas (¿cómo sé que esta obra atribuida a Beeple no fue intervenida por un usuario cualquiera?) ni que permanezca accesible (¿quién me asegura que estarán en la Web en el futuro?). El *blockchain* asegura esa permanencia e inmutabilidad.[8]

Pero, además, también posibilita el retorno de su valor cultural. Vignesh Sundaresan, también conocido como MetaKovan, fue el comprador de la pieza de Beeple por 69 millones de dólares. El comprador declaró que incluso estaba dispuesto a pagar más por la obra, dado que, según sus declaraciones,

> este NFT es una pieza importante de la historia del arte. A veces, estas cosas toman algún tiempo para que todos las reconozcan y se den cuenta. Estoy bien con eso. Tuve la oportunidad de ser parte de este cambio muy importante en cómo se ha percibido el arte durante siglos. (Frank, 2021)

Es decir, según las palabras de Sundaresan, más que una inversión financiera, suponiendo que lo que afirma es cierto, su compra significó un

---

7   Curiosamente así se llamaba una plataforma que permitía mintear y comercializar NFTs que funcionaba en el *blockchain* de Tezos.

8   Aunque también parte de esta inmutabilidad está en discusión, en tanto que la imagen no siempre se almacena *on chain*. Sobre esto véase Bailey (2022).

intento de coleccionar un pedazo de historia. Sus declaraciones recuerdan a la frase de Benjamin (2005), "coleccionar es una forma del recuerdo" (p. 223). De alguna manera, Sundaresan busca atesorar el aura de esa imagen, ese espacio-tiempo único de la obra, al decir de Groys. En palabras de Benjamin, "busca encerrar en un círculo mágico lo que es el objeto individual" (Benjamin, 2005, p. 223). En "La obra de arte en la época de su reproductibilidad técnica" Benjamin reconoce que, a medida que se seculariza el valor cultual de la obra, el aura parece orientarse al artista y al coleccionista. Por ejemplo, en la modernidad la obra sigue teniendo un valor "cultual", aunque ya no se le rinda culto a través de ella a una divinidad, sino a la huella del genio que creó la obra. Algo semejante sucede con el coleccionista, que "tiene algo de adorador de fetiches y que por la posesión de la obra de arte participa de su virtud cultual" (Benjamin, 2015b, p. 32). Al poseer el objeto el coleccionista de alguna manera participa de ese carácter aurático. Difícilmente esto podía darse antes de los NFTs, porque un JPG no era más que una copia. Ahora el coleccionista es capaz de atesorar ese único momento de la historia encerrado en una imagen. La materialidad es digital, es cierto, y por tanto no hay una presencia física, pero sí hay una presencia en un determinado tiempo y espacio. El *blockchain* permite registrar la obra y por ende sellar su aparición en el espacio digital y su inserción en la historia. También es cierto que, en tanto digital, es fácilmente reproducible. Ahora bien, el modo en que se aparece esta nueva imagen convertida en NFT ante un determinado sujeto, como Sundaresan, es totalmente distinta para quien *googlea* la *Gioconda*. Siguiendo la línea interpretativa de Costello, según la cual el aura pertenece al sujeto más que al objeto, los NFTs adquieren valor cultual en tanto ciertos individuos se relacionan "auráticamente" con la obra. ¿Qué diferencia hay entre el JPG original y sus copias? Técnicamente ninguna, salvo que una está registrada en el *blockchain* por el artista. Lo que cambia es cómo es percibida. Algo análogo ha sucedido con las falsificaciones de las pinturas a lo largo de la historia. En su libro *Shanzhai*, Byung Chul Han retoma el caso de Han van Meegeren, el falsificador más importante de Vermeer. Éste pintó un cuadro llamado *La cena de Emaús* (figura 25) y todos los expertos, habiendo hecho muchos análisis técnicos, creyeron que era un original del artista holandés. Van Meegeren estudió documentos para poder recrear los pigmentos originales y reutilizó lienzos del siglo XVII para que la copia fuera perfecta. El "descubrimiento" de la obra fue muy bien acogido en París.

Pero años después, cuando se corroboró que era una falsificación, la obra pasó a tener un valor nulo. Han van Meegeren declaró: "Ayer este cuadro valía millones. Los expertos y los amantes del arte llegaban desde todos los rincones del mundo para admirarlo. Hoy no vale nada, y nadie cruzaría la calle ni para verlo gratis. Pero el cuadro es el mismo. ¿Qué es lo que cambió?" (Han, 2016, p. 35). Lo que cambió es el contexto, el marco en que se daba la obra y, por ende, la percepción que se tenía de ella. Algo semejante sucede con el arte digital registrado en el *blockchain*, un cambio de contexto implicó que se vean ciertas imágenes, esencialmente reproducibles, de otro modo.

Pero el aura no radica únicamente en el valor cultural que proyecta el sujeto, el comprador o el coleccionista. Sin dudas, hay un cambio de escenario y esa aparición transforma cómo la obra es vista. Pero además de la transformación del contexto hay un gesto. Volvamos a analizar *Priceless*, la obra de Kevin Abosch y Ai Weiwei. ¿Son esos momentos únicos tokenizados solamente posibles gracias a la tecnología *blockchain*? ¿el valor de la obra se basa únicamente en una innovación técnica? De alguna manera, los artistas intentaron des-ubicar estos momentos, hacerlos ubicuos, hacerlos etéreos en Ethereum. Pero, ¿cuál es el lugar de la obra? ¿dónde está? Abosch juega con el carácter anfibio de la obra que nada entre dos mundos, el físico, en tanto que hay una obra impresa, y el digital, en donde es ubicuo. No hace falta estar ante el papel impreso para experimentar la obra, en cualquier lugar, cualquier pantalla se puede reconstruir el sistema de sensaciones que la obra suscita. En este sentido podemos hablar, de la mano de Florencia Garramuño (2015), de un arte "inespecífico". Lo interesante es que este lugar, este aquí y ahora, puede ser un lugar físico al que se puede ir, la muestra en la Kate Vass Galerie, pero también aparece en un espacio virtual, la red del *blockchain*. Parafraseando a Groys (2009), esto quiere decir que todos los objetos que se disponen en una instalación son originales, incluso cuando las obras físicas que se expusieron y vendieron circulen como copia. Hay una búsqueda de reauratizar estos momentos efímeros. Claramente Groys no está pensando en este tipo de obras, que no existían en el momento en que escribió el texto, pero su propuesta de arte contemporáneo sigue siendo productiva: la obra es tal en tanto que se incluye en un determinado contexto, en tanto que se da esta inscripción topológica. La pieza se presenta en diferentes contextos y medios (pantallas, impresiones, diferentes softwares y lenguajes de programación) y su apariencia siempre es distinta. "La topología de las redes de comunicación, generación, traducción y distribución de imágenes de hoy es extremadamente heterogénea. En todo momento las imágenes están siendo transformadas, re-escritas, re-editadas, re-programadas en su paso a estas redes" (Groys, 2009, p. 75). La imagen física, ¿es una mera copia de la dirección alfanumérica en la red de Ethereum? Claramente no, sino que se da en diferentes contextos. La obra misma reflexiona sobre su propia condición, en tanto que se encuentra en diferentes espacios y soportes y en distintos sistemas de valores. Justamente la noción de "token", recuérdese el ejemplo de las fichas de casino, supone que el sentido es siempre contextual, estos "momentos" tendrán cierto valor en determinados marcos interpretativos, que siempre pueden variar. Así lo ve Ai Weiwei:

> Puedes imprimir estas direcciones de moneda virtual en papel, como un cuadro de Gerhard Richter –funciona como la obra y la firma del artista al mismo tiempo: puedes usarla, puedes destruirla o puedes regalarla– es virtual, pero funciona como una parte de nuestro sistema de valores. Sólo con un sistema de valores somos una comunidad humana. (Weiwei, 2018)

Para Kolja Reichert (2021) el aura de los NFTs radica en un acto tautológico: cuando MetaKovan adquiere *Everydays*, está comprando el momento histórico en que gastó sesenta y nueve millones de dólares. "Se compra el mismo acto de comprar" (2021, p. 55). Un NFT es un momento en el tiempo registrado en una cadena de bloques y éste es la fuente de su aura (p. 54). Como sostiene MetaKovan, "los NFTs capturan el aura del momento" (MetaKovan, 2021). Es cierto que de algún modo se registra "un pedazo de historia", pero lo central, a mi modo de ver, más que un instante en el tiempo, es el gesto conceptual por parte del artista de registrar esa imagen o, en el caso de Abosch y Weiwei, el "momento" en el *blockchain*. En este gesto del artista radica el aura de la obra. A nadie le interesa registrar el momento de compra de un retrato mío tokenizado. La imagen es reproductible, y por tanto ubicua, pero aquí el gesto, la firma del artista es lo que la vuelve única entre todas sus copias. Se trata de un gesto fuerte, en contraposición al gesto débil que caracteriza las redes sociales, según denuncia Groys (2014, p. 117). De la misma manera que el portabotellas de Marcel Duchamp, y retomo aquí el análisis de Gérard Genette (2000), *Priceless*, aunque no sea un objeto industrial, no consiste en un código en el *blockchain*, sino que lo que lo constituye como obra es el acto o gesto de los artistas al proponerlo como obra. Por eso el culo de McKenzie Wark firmado por Tino Sehgal no es coleccionable porque sea "nada más que la declaración de propiedad en sí misma", como afirma Wark (2017), sino por el gesto de su firma. Incluso más, lo que "cuenta en ese tipo de obras no es ni el objeto propuesto en sí mismo ni el acto de propuesta en sí mismo, sino la idea de ese acto" (Genette, 2000, p. 164). Como sostiene Kevin Abosch respecto a *The Forever Rose,* una imagen exclusivamente digital que solo existe como token (figura 26), "la forma más pura de arte es la idea sin el bagaje de un recipiente" (Haigney, 2018). Recordemos que Joseph Kosuth, uno de los principales teóricos del arte conceptual, sostiene que la especificidad del arte es su carácter lingüístico y no su carácter fáctico-material. Por ello lo propio de la obra no es ni su carácter objetual ni la opacidad de su medio (como sostenía Greenberg), sino que la entiende como una proposición analítica. Una proposición analítica es una proposición cuyo predicado está contenido ya, implícitamente, en el concepto del sujeto; por ejemplo "todo triángulo es una figura", "Los solteros son no casados". El concepto de triángulo supone el de figura, pese a que no todas las figuras son triángulos, de la misma manera que el concepto de solteros supone el no estar casado. Las proposiciones analíticas son, entonces, juicios tautológicos, es decir, son enunciados que no agregan nada a un concepto. Por lo tanto, la verdad de estas proposiciones no depende de nada externo a ellas mismas. De la misma manera, qué es arte no se define por nada externo al mismo arte. Las obras de arte son proposiciones analíticas ya que en el contexto artístico no informan algo del mundo, sino que son una tautología: toda obra de arte es una definición de arte. "Si se considera las formas que asume el arte en tanto que lenguaje del arte, es posible darse cuenta de que una obra de arte es un tipo de proposición que aparece en un contexto artístico como comentario acerca del arte" (Kosuth citado en Buchloh, 2004, p. 185). Esto quiere decir que la condición artística de una obra no depende de su materialidad ni de su forma, sino que es un estado conceptual. Que un artista la defina como obra es suficiente. Firmar una obra es instituirla como arte.

El poder de la firma en el arte tiene larga data. En 1944 Marcel Duchamp hizo certificar la autenticidad de *L. H. O. O. Q.* por un notario donde "se garantiza, pues, que éste es el *ready-made* original *L. H. O. O. Q.,* París, 1919" (Buchloh, 2004, p. 178). Si bien esta fue una movida económica, en tanto gracias a la autentificación la obra subió de precio, es, según Buchloh, uno de los primeros gestos conceptuales. Pensemos por ejemplo en *This Is a Portrait of Iris Clert if I Say So* de Robert Rauschenberg (figura 27). Resulta que en 1961 la Galerie Iris Clert organizó una muestra grupal de retratos de Clert. A Rauschenberg le fue encomendado uno de ellos, pero lo olvidó y días antes de la exposición se encontraba trabajando en una instalación en Suecia. A último momento envió un telegrama que decía "Este es un retrato de Irs Clert si así lo digo", firmado por Robert Rauschenberg. La firma del artista es la que valida la obra. De la misma manera una obra de Beeple no tiene solamente valor porque es registrada en la cadena de bloques, sino porque es tokenizada, firmada criptográficamente, por el mismo artista.

Por ello, los argumentos desde la ontología del arte respecto al criptoarte, a mi modo de ver, no terminan de entender el fenómeno. Anthony Cross (2021) se pregunta si algo cambia fundamentalmente cuando una obra es minteada como NFT. Propone la siguiente analogía: de la misma manera que cuando un fotógrafo autoriza una cierta cantidad de copias, y por ende solo reconoce esos ejemplares como auténticos, el *blockchain* permite identificar ciertos *bits* digitales como únicos y genuinos. Pero la certificación de copias no cambia en nada, para Cross, la naturaleza de la obra. Es cierto, tokenizar una imagen no cambia nada de sus condiciones materiales, pero transforma absolutamente su contexto conceptual. Y esto último es lo que hace a la obra como tal. Nada cambia entre los mingitorios producidos en masa en una fábrica y *La fuente* de Duchamp. Lo que realmente hace al urinario una pieza artística y la diferencia del resto es el gesto del artista. Como sostiene Lucy Lippard, "el arte conceptual significa una obra en la que la idea tiene suma importancia y la forma material es secundaria, de poca entidad, efímera, barata, sin pretensiones y/o «desmaterializada»" (2004, p. 9). Obviamente este gesto tiene que ser apropiado por el espectador para que tenga sentido. Rhea Myers entendió esto tempranamente. En su obra *Is Art* (figura 28) presenta un contrato inteligente de Ethereum que contiene la afirmación "es" o "no es" arte. El *smart contract* se visualiza en una pagina web conectada a la red de Ethereum y muestra, según su estado actual, una imagen que afirma "Este contrato es arte" (*This contract is art*) o "Este contrato no es arte" (*This contract is not art*). Cualquier usuario puede cambiarlo, hacerlo pasar de "es arte" a "no es arte". Un gesto, en cuanto tal, supone un otro, un espectador, alguien que lo ve y le da sentido. De lo contrario, no expresaría nada. Pero ese gesto siempre tiene un enunciador, que es aquel que le da su fuerza.

En definitiva, un NFT es un objeto firmado criptográficamente y esa signatura, ese gesto, es lo que lo hace valioso, es lo que le permite al aura su retorno. El aura, el valor cultual de la obra, la veneración ante la imagen solamente es posible gracias a ese gesto. Como la firma de Michael Jackson en el CD, la imagen adquiere su valor cultual cuando el JPG o el GIF es firmado por el artista. Esto es evidente en la obra conceptual de Abosch y Weiwei, pero, ¿no sucede lo mismo con cualquier NFT? Nadie quiere una imagen de Beeple minteada por un don nadie (cosa que puede suceder). ¿Se hubiese vendido por lo que se vendió el NFT de *Doni Tondo* de Miguel Ángel sino hubiese sido tokenizado por la mismísima galería Uffizi? Es el gesto, criptográfico, lo que transforma un archivo en criptoarte.

Ciertamente hay contra argumentos que deben ser analizados. Jonathan Beller, investigador y profesor del Pratt Institute, sostiene que la aparición de los NFTs, lejos de significar un posible "retorno del aura", suponen la introducción del fascismo en el *blockchain*. Beller retoma las reflexiones de Benjamin sobre la estetización del arte en "La obra de arte en la época de su reproductibilidad técnica". Los NFTs, según el autor, se estarían utilizando para "procesar datos en el sentido fascista" (Beller, 2021). Según la interpretación de Beller, el cine se vio obligado a convertirse en entretenimiento, creando celebridades y espectáculos, en vez de posibilitar el vínculo entre las personas y comprenderse a sí mismas como "creadoras de valor". La producción cinematográfica se transformaría, por medio del espectáculo y sus personalidades, en una instancia de control de los deseos y el comportamiento de las masas. Hoy, según Beller, el desarrollo de los medios de comunicación y las redes sociales han potenciado este fenómeno (piénsese en la figura del *influencer*), que no serían más que otras formas del fascismo que denunciaba Benjamin. Si bien reconoce la potencia democrática del *blockchain*, denuncia que la aparición de los NFTs significa el retorno al culto del genio, del artista, de la personalidad. Por eso sostiene que "los critpomedios [están] 'presionados' para hacer lo mismo que antiguamente se hacía con las mismas viejas jerarquías del mismo modo que las antiguas formas de desigualdad y dominación" (Beller, 2021). El trasfondo de esta interpretación de Beller es su tesis de que el cine y sus derivados, como la televisión, el video y el internet, son fábricas desterritorializadas donde los espectadores trabajan y producen (Beller, 2013, p. 60). Esto es lo que Beller llama "modos cinemáticos de producción". Mirar es trabajar, mirar una pantalla es producir valor. Es decir, prestar atención es la relación necesaria para la producción de valor del capital. Según Beller en el capitalismo tardío, a partir de la acumulación del capital, hay una transformación visual de "prácticas creativas no alienadas" a una "alienación visual" (p. 63). El criptoarte vendría a ser una nueva forma de "los modos cinemáticos de producción" para dominar y mantener bajo control a los individuos. Hito Steyerl tiene una perspectiva muy semejante: la emergencia del *blockchain* y sus vínculos con el arte contemporáneo se entienden como "derivados del fascismo" (Steyerl, 2018, p. 249). Según la autora alemana las tecnologías cripto son igual de dependientes de ciertos grupos poder que cualquier otro sistema. La incorruptibilidad e infalibilidad de estas tecnologías solamente es aparente dado que sigue dependiendo de acciones humanas. Como consecuencia, habrá "menos dinero para los trabajadores, menos intercambios, menos perspectivas, menos circulación y todavía menos regulación […]. El arte inconveniente […] será arrojado por la ventana" (Steyerl, 2018, p. 254).

Es cierto que el criptoarte de alguna manera replica el mercado del arte y con ello también el culto al artista que se le brinda en ciertos círculos, pero no se aclara específicamente cómo los NFTs potencian ese "fascismo estético". Por otro lado, Beller sostiene que al replicar las viejas estructuras "se promete democracia y reconocimiento mientras se va al banco para sacar provecho de la jerarquía y la diferencia de clases" (Beller, 2021). Algo semejante afirma Steyerl. Esto último, al menos por ahora, aún está por verse. Pero, como veremos en el siguiente capítulo, al ser un sistema totalmente descentralizado, el acceso es bastante más democrático que las viejas estructuras. No hace falta ser Beeple para registrar y comercializar tu obra, cualquiera puede hacerlo. Los NFTs en primer lugar le permiten al artista digital, sea el más famoso o un absoluto desconocido, autentificar su obra, y por lo tanto evitar que su obra sea duplicable o robada fácilmente, hacerla visible en una plataforma y venderla a quien la desee. ¿En qué sentido se alimenta específicamente la desigualdad y la dominación en el mundo artístico? Los protocolos (la codificación de las reglas de un intercambio) proveen una estructura, pero no son un negocio *per se,* más bien coordinan la interacción entre proveedores y consumidores de un determinado servicio. Cuanto menos extractivo sea un protocolo y más bajas sean sus comisiones, mayor cantidad de intercambio logrará. El negocio, por el contrario, es más exitoso cuanto más extractivo es.[9] Por supuesto, luego, como en todo mercado, hay especulación e inversores que sólo buscan hacer dinero, sin importarles las cualidades estéticas de la obra. Y también puede ser cierto que los NFTs puedan terminar al servicio del uso biopolítico de la imagen, pero eso aún está por verse. Lo que no consideran ni Beller ni Steyerl es que justamente, al ser un sistema descentralizado, es bastante difícil de manipular (para algunos imposible) y, por ende, controlar las imágenes que los usuarios ponen en circulación, lo que dificultaría diagramar una estrategia homogénea de vigilancia y dominación (o por lo menos Steyerl no explica cómo "siguen dependiendo de la acción humana"). Esto dependerá, como se verá en el siguiente capítulo, del modo en que se desarrollan las plataformas, que siempre suponen cierta centralización, en la Web 3.0. Es cierto, esto no quita la posibilidad de que grandes poderes económicos manejen el mercado, pero el sistema de *blockchain* parece ser más abierto y transparente, menos descentralizado y menos manipulable que cualquier otro sistema financiero. Por lo tanto, no queda claro en qué radica la "esencia fascista" de los NFTs. En esta línea, Tina Rivers Ryan (2021) argumenta que este supuesto retorno del aura en el criptoarte que sostienen sus defensores no hace más que deificar la propiedad y el capitalismo de plataformas. Sin ninguna duda, gran parte de este fenómeno está ligado a la especulación financiera: hay compradores que solo se interesan en el criptoarte porque buscan adquirir cierto estatus, algunos que los ven como inversión, otros interesados en las nuevas tecnologías y formas de seguridad y otros simplemente apoyan nuevas formas de arte. Pero, ¿no fue esto siempre así el mundo del arte? Algunos lo entenderán como otro nuevo mercado en el que invertir su dinero, un medio para diversificar y consolidar sus fortunas o como mero objeto de especulación financiera. Para otros es una mera moda de la que no quieren quedar fuera, como el furor de los *Bored Apes Yatch* entre las celebridades. Justin Bieber llegó a gastar 1,29 millones de dólares en uno de estos monos digitales (figura 29). Pero otros ven en los NFTs algo más que un mero entretenimiento de ricos aburridos: la liberación total de los artistas de los intermediarios a la hora de producir y, por tanto, de toda forma de dominación. Como dice Seth Price, siempre hay "Casandras" o "utópicos" (Price y Kuo, 2021). La pregunta que realmente importa es: ¿cómo transforman estas nuevas tecnologías y estos nuevos circuitos la experiencia estética?

9   Sobre esto véase los textos de Burniske (2019) y Erickson (2018).

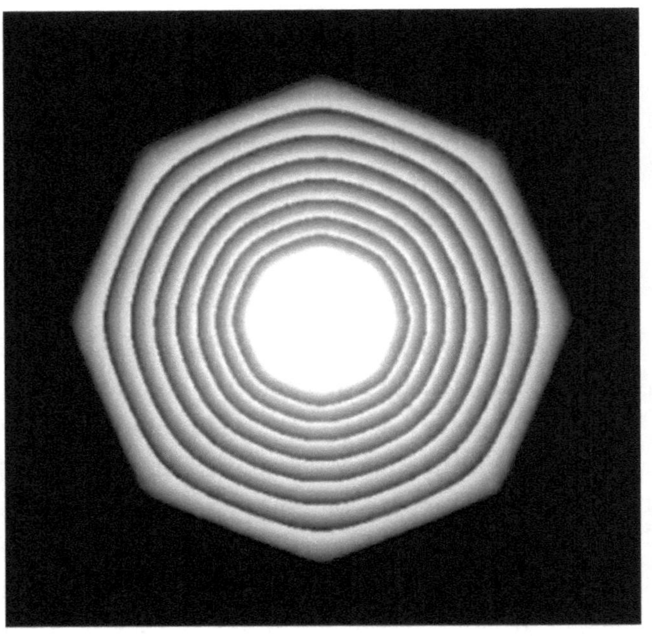

Figura 21. McCoy, Kevin, *Quantum,* archivo tif. Tokenizado el 3 de mayo de 2014, <sothebys.com/en/buy/auction/2021/natively-digital-a-curated-nft-sale-2/quantum>.

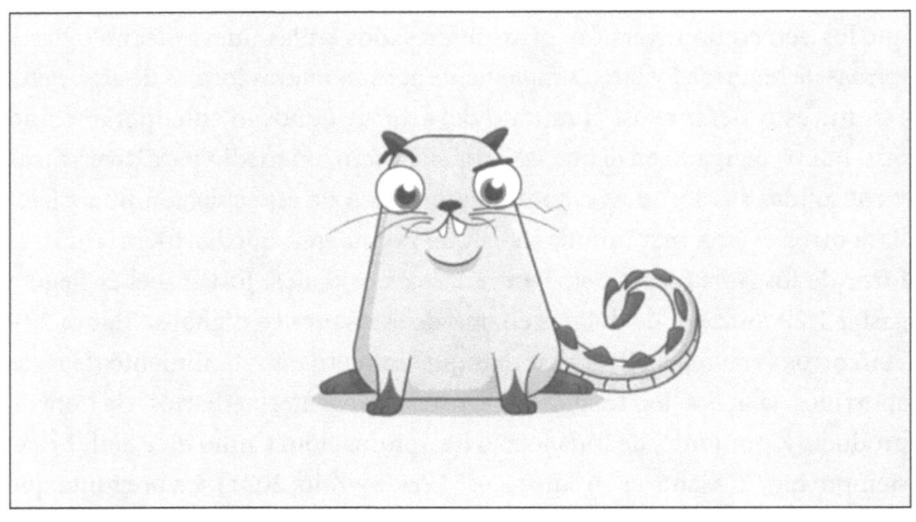

Figura 22. Dapper Labs/Animoca, *Dragon #896775*. Tokenizado el 19 de agosto de 2018, <https://www.cryptokitties.co/kitty/896775>.

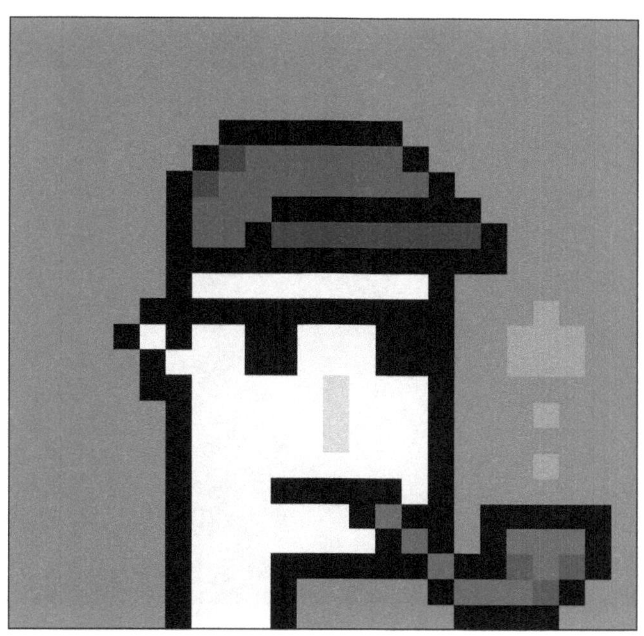

Figura 23. Larva Labs, *CryptoPunk #7804*. Archivo jpg, 24 x 24 pixeles. Tokenizado el 24 de junio de 2017, <https://www.larvalabs.com/cryptopunks/details/7804>.

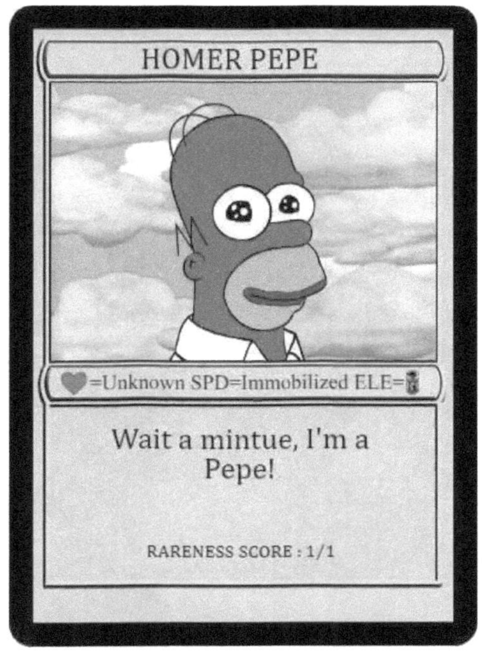

Figura 24. *Homer Pepe*. 400 x 560 píxeles. Tokenizado el 3 de enero de 2017.

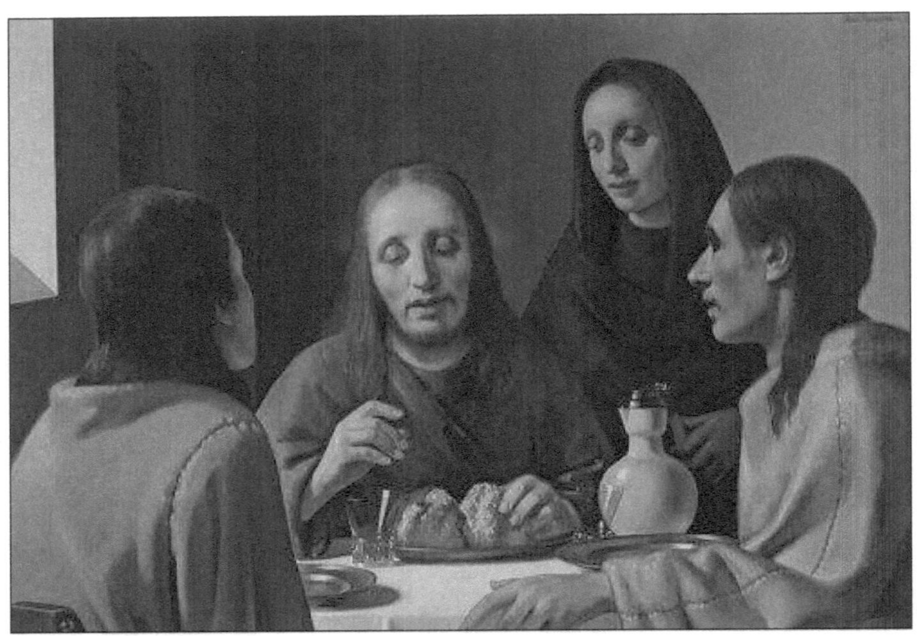

Figura 25. van Meegeren, Han. *La cena de Emaús*. Óleo sobre lienzo, 115 cm x 127 cm, 1937.

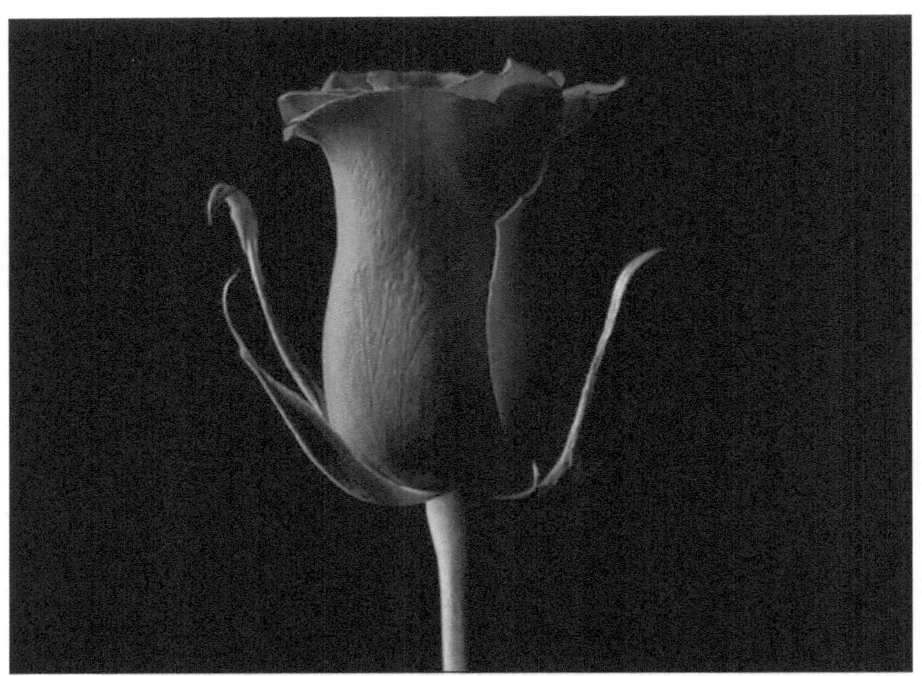

Figura 26. Abosch, Kevin. *The Forever Rose*. 2018.

Figura 27. Rauschenberg, Robert. *This Is a Portrait of Iris Clert If I Say So*. Telegrama con un sobre, 44,8 cm x 22,5 cm, 1961.

This contract is art

This contract is not art

Figura 28. Las dos modalidades de *Is Art* de Rhea Myers (2014).

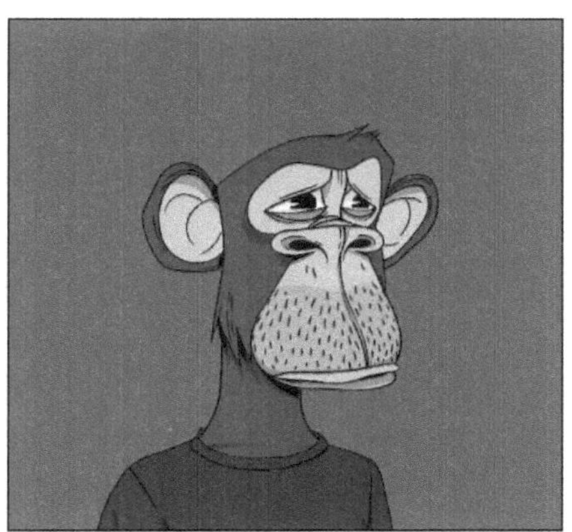

Figura 29. Bored Ape Yacht Club #3001. Tokenizado el 1 de mayo 2021, <https://opensea.io/assets/0xbc4ca0e-da7647a8ab7c2061c2e118a18a936f13d/3001>.

05

Galerías Autónomas Descentralizadas, el sueño de un mundo artístico democrático

Don't Trust, Verify es el eslogan de la criptomoneda Bitcoin. Una instalación con el mismo título de Agustina Woodgate fue montada en la feria Frieze de Nueva York (figura 30). La artista instala un cajero automático real cargado de billetes de un dólar lijados por ella de ambos lados (figura 31). Funciona de la siguiente manera: uno paga cien dólares en el ATM y se le entrega un dólar lijado. Pero la instalación "culmina" cuando uno va a un mostrador al lado, que imita a uno de uno banco, donde se le da a quien sacó el billete un certificado de autenticidad y se le enmarca el dólar (todo por la módica suma de 1900 dólares. Ver figura 32). Además, se comercializó un video como NFT en donde se mostraba el proceso[10] y se realizaron cuatro pinturas a partir de la tinta que se desprendía del lijado. La máquina expide obras de arte, una metáfora que busca reflexionar sobre cómo la tecnología puede sustituir el rol de los galeristas. Simplemente con una tarjeta de crédito o débito cualquiera es capaz de adquirir arte. El ATM (*Automated Teller Machine*) es transformado en un ADM (*Automated Dealer Machine*), es decir, se automatiza el rol del galerista. El mensaje es claro, no confíes en que esto es una obra de arte, no

10   <https://foundation.app/@Autostina/foundation/35153>.

importa que la encuentres en una importante feria de arte internacional, llévate el certificado que lo verifica. Y el sello de garantía, que antes ponían los museos y los galeristas, ahora lo da un sistema automatizado sin intervención humana. La tecnología *blockchain* hizo posible las DAOs (*Decentralized Autonomous Organizations*), organizaciones donde el poder no recae en un líder individual, sino que son gobernadas por la comunidad. Las decisiones se toman votando propuestas entre los miembros de la organización. Muchos sueñan con que la aparición del *blockchain* transforme el mundo del arte en uno más transparente y democrático, donde lo que se exhibe y hace visible deje de depender de las lógicas excluyentes y arbitrarias de una pequeña elite y se conviertan en organizaciones autónomas y descentralizadas en manos del mundo del arte.

Pero, ¿será posible la automatización total del rol de los galeristas? ¿es posible algo así como un DAG, una galería autónoma descentralizada? En palabras del artista Moxarra González, ¿podrán los NFTs, así como el video acabó con el estrellato de la radio, matar *the gallery star* (figura 33)?[11] Parece muy plausible que se logren intercambios económicos sin intermediarios. Pero el rol de las instituciones en el mundo del arte va más allá de ser un mero mediador de una transacción, como bien nos han enseñado las teorías institucionalistas del arte. Dentro del mundo del arte, diversas instituciones funcionan no sólo como intermediarios comerciales, sino como legitimadores de una obra. George Dickie es uno de los principales representantes de esta teoría y define la obra de arte del siguiente modo: "*Una obra de arte en un sentido descriptivo es (1) un artefacto (2) sobre el que alguna sociedad o algún subgrupo de una sociedad ha conferido el estatus de candidato para la apreciación*" (Dickie, 1969, p. 254; resaltado completo del autor; mi traducción). Vamos al primer punto: la obra es un artefacto en cuanto es un objeto realizado por una intecionalidad humana. En el caso de un *ready made,* por ejemplo *La fuente* de Duchamp, hay una doble artefactualidad. Por un lado la elaboración material-industrial del mingitorio Beforshire Plano, producido por J. L. Mott. Uno de ellos fue adquirido por Duchamp en Nueva York y presentado como *La fuente.* Aquí tenemos la segunda dimensión de artefacto: el gesto conceptual de presentarlo como obra (y la firma de R. Mutt). En este caso la pieza tiene dos autores: Mott, que fabrica

---

el objeto, y Duchamp, que elaboró el contexto conceptual del artefacto. Pero todo gesto artístico, incluso el criptográfico, precisa de una validación social como candidato para la apreciación (punto 2). Esto significa que la obra no debe ser necesariamente apreciada, sino que alcanza con que sea candidata para ello. El gesto conceptual de artista no es suficiente para conferirle a su creación el estatus de una obra de arte. Si un plomero, por más artista que se sienta, expone un mingitorio como obra de arte, esto no lo convierte en tal. Solo algunos, aquellos investidos con cierta autoridad, pueden determinar lo que es digno de ser apreciado como arte. Una obra de arte es tal en cuanto es reconocida por ciertas instituciones y sus representantes (críticos, curadores, historiadores de arte, galeristas, directores de museos). Sólo este grupo reconocido por la sociedad es capaz de conferir estatus a las obras. "Conferir estatus" siempre supone una relación desigual, una autoridad que impone su criterio sobre otro. El rey nombra al caballero, la universidad al doctor, el sacerdote los declara marido y mujer. Sin la bendición del mundo del arte, el pretendiente no es más que un mero objeto profano. En los últimos siglos fueron los museos y las galerías quienes principalmente funcionaron como legitimadores del arte. Eran estas instituciones los templos sagrados encargados de custodiar el "verdadero" arte y determinaban qué se exponía o no en sus salas. Por no tener la bendición de las academias de arte Van Gogh se pudrió por mucho tiempo en la pobreza. Manet, uno de los más grandes artistas del siglo XIX, no podía exponer sus obras porque el Salón de París rechazaba todo lo que atentaba contra los cánones estéticos de la academia. En 1863 Napoleón III, al escuchar que en el Salón se rechazaba según los criterios hegemónicos, con la pretensión de ganarse la juventud intelectual, ordenó que fueran mostradas al público para que este las juzgase. Se llamó el Salón de los rechazados y ahí el mundo conoció el *Almuerzo en la hierba,* que escandalizó París e inspiró a los jóvenes impresionistas. Las instituciones del arte eran estructuras de poder que definían qué contemplarían las miradas de los espectadores.

La aparición de Internet cambió el escenario e hizo posible lo que André Malraux (2017) llamó "un Museo Imaginario", un museo sin muros, que no tiene los límites de los verdaderos museos: la historia del arte se nos ha hecho accesible casi en su totalidad. Gracias a los nuevos medios técnicos, el arte puede alcanzar la ubicuidad con la que soñó Paul Valery (2005), y ya es posible "transportar y constituir en cualquier lugar el sistema de sensaciones

–o más exactamente de estimulaciones– que proporciona en un lugar cualquiera un objeto o suceso cualquiera" (p. 131). La "realidad sensible" llega a domicilio. A mediados del siglo xx Malraux está pensando en la fotografía y los catálogos, capaces de difundir el arte por todo el mundo, pero, gracias a la "googleización" de la profusión de imágenes, Internet nos lleva a posibilidades infinitas. Como sostiene Groys (2014), gracias a la web y el acceso fácil a las cámaras de fotografía y video, hoy, a diferencia de otras épocas, hay más productores de imágenes que consumidores (p. 14). Mientras el siglo xx se caracteriza por el consumo masivo de imágenes, piénsese en las grandes masas ante las creaciones audiovisuales del cine, hoy vivimos en una época donde prima la producción estética masiva. Las redes sociales y las nuevas tecnologías han democratizado la creación y difusión artística. Hoy cualquiera puede tomar una foto, editarla y difundirla en unos pocos minutos con su teléfono. Pueden llegar a todas partes, sin dilación y sin intermediarios. Si antes el artista, luego de producir su obra en el taller, debía esforzarse por encontrar un lugar de exposición, sea una galería o un museo, ahora queda borrada la diferencia entre producción y exhibición. Todos pueden crear sus obras y distribuirlas en Facebook, YouTube, Instagram, Snapchat.

El problema es que esto genera una fuerte inflación de producción artística, se postean miles de imágenes y se escriben miles de textos, pero nadie tiene tiempo para consumirlas. Son más los que quieren hacer arte que los que quieren mirar. Si antes algunos pocos creaban signos fuertes para millones de espectadores y lectores, ahora la masa produce signos de baja visibilidad para un lector o espectador que no tiene tiempo. Gran parte de esta inflación no se debe únicamente al fácil acceso a la producción y difusión sino a que Internet rompe con los muros de los museos: ya no hay cánones, no hay reglas, cualquiera puede exponer lo que quiera. El poder soberano de los museos y galerías se va desvaneciendo y ya no tienen en su poder el sello que determina qué es una obra de arte. Internet abrió el juego a que todos se vuelvan artistas. Es, como dice Boris Groys, el ágora contemporáneo. Justamente por esta razón Hito Steyerl sostiene que las "imágenes pobres" son la basura arrojada a la Web (2014, p. 35). En el mar infinito de imágenes y textos, los mismos quedan invisibilizados ante los ojos indiferentes de un consumidor saturado. Por ello, pese a la democratización que trajo el Internet, los artistas siguen precisando de la autoridad del mundo del arte para resaltar en el Museo Imaginario, el gran basural digital, donde se acumulan y acumulan miles y miles de obras.

Pero con la aparición de los NFTs se posibilita la escasez en el mundo digital. Esto promete ser un siguiente paso a la democratización y descentralización del mundo del arte. Ante la infinidad de textos y de imágenes, junto a sus innumerables copias, el *blockchain* hace posible que una pieza digital sea única y, por lo tanto, escasa. Es cierto que, quizás movidos por el *boom* del criptoarte, miles de individuos han comenzado a tokenizar sus obras, generando un fuerte incremento de NFTs, muchos de dudosa calidad. Por un lado, el *blockchain* permite autenticar y certificar piezas únicas y, por lo tanto, diferenciar copias de originales. Por el otro, parece hacer posible un acceso más democrático al mundo del arte y, por lo tanto, la convivencia de obras de artistas de distinto nivel y calidad en el "gran basurero [Internet] en el que todo desaparece y nunca logra alcanzar el nivel de atención pública que uno esperaba obtener" (Groys, 2014, p. 134).

¿En qué consiste esta supuesta democratización? ¿Puede la introducción del *blockchain* en el mundo del arte eliminar los intermediarios (las instituciones del mundo del arte) y así democratizarlo aun más? Por un lado, para muchos el *blockchain* podría proveer un sistema que elimine todo intermediario, dar por terminado el "esquema de centro y periferias" en el arte contemporáneo y proveer un espacio, virtual, para que se consoliden lo que Andrea Giunta llama las vanguardias simultáneas (2014, p. 5). Es cierto que hace años el mundo del arte es cada vez más global, cada vez más heterogéneo y descentralizado, pero aunque –como sostiene Steyerl (2018)– no haya una única y central que homogenice el mundo del arte, sigue habiendo instituciones que actúan como mediadoras. Muchas de las representaciones del arte contemporáneo se presentan como antiinstitucionalistas, pero, ¿podemos sostener esta superación de la dicotomía "centro-periferia" si aún hay instituciones que siguen funcionando como "centros" que confieren, al decir de George Dickie, "estatus de candidato para la apreciación"? Gracias a los NFTs y la irrupción del *blockchain* el mundo del criptoarte es mucho más democrático que las instituciones tradicionales. O por lo menos fue lo que se vio en el comienzo. En enero de 2018, antes del *boom* de los NFTs, James Bailey describía el criptoarte como un movimiento digitalmente nativo, abierto al mundo, totalmente democrático (sin importar la clase, el género, la edad, la raza) y pro artistas, en tanto que las "plataformas de *blockchain* suelen cobrar poca o ninguna comisión a los artistas" y estos "suelen ser remunerados por cada venta futura de una sola obra" (Bailey, 2018). Es cierto que el mercado está concentrado en las manos de unos pocos inversores.[12] Esto ha pasado siempre y no atenta, en principio, contra la descentralización, puesto que en realidad lo que se busca es eliminar el intermediario entre el artista y los compradores, sean muchos o pocos. Cualquiera, desde Beeple hasta un principiante, puede tokenizar y comercializar su arte. Al menos por ahora. En la plataforma de NFTs OpenSea, por ejemplo, cualquiera puede publicar su obra. Hay ciertas plataformas, como Nifty Gateway, que realizan un proceso de selección antes de permitirles a los artistas tokenizar sus obras. Lo que se busca es mantener un cierto estándar de calidad.[13] Pero más allá de estos casos, existen varias plataformas sin restricciones que permiten mintear una obra y difundirla. Obviamente esto tiene sus consecuencias: cualquier obra puede ser tokenizada, incluso piezas de mala calidad o con mensajes misóginos y racistas.[14]

Además, la irrupción de los NFTs trajo consigo un nuevo público que nada tiene que ver con el mundo del arte tradicional. Basta con ver la cantidad de seguidores de Beeple (2,5 millones) en Instagram frente a los seguidores de Jeff Koons (476 mil). Usuarios de redes sociales y fanáticos criptos parecen sacarle de las manos el poder de determinar qué es valioso artísticamente a los críticos, los galeristas y los curadores. Con la descentralización y la apertura del mercado, ya no hay instituciones centralizadas que funcionen como legitimadoras del arte, que determinen qué es arte y qué no.

Tradicionalmente un artista precisaba de una galería para exponer y comercializar su obra. Una vez que ésta se vende, por lo general la galería retiene el cincuenta por ciento de la ganancia. Si la obra se revende, rara vez el artista recibe regalías. Los NFTs, en primer lugar, le permiten al artista digital, sea el más famoso o un absoluto desconocido, autentificar su obra, y por lo tanto evitar que su obra sea duplicable o robada fácilmente, hacerla visible en una plataforma y venderla a quien la desee. De este modo es posible eliminar los intermediarios que muchas veces se quedaban con gran parte de las ganancias. Un estudio demostró que si Jasper Johns y Robert Rauschen-

---

12   Véase Nadini *et al.* (2021).

13   Obviamente no faltarán los detractores que, en pos de custodiar el gran arte, denuncian que, al decir de Reichert, "la exageración de los NFTs es un gran triunfo del arte amateur que a menudo se confunde con el progreso democrático" (2021, p. 28).

14   Sin ir más lejos es el caso del famoso Beeple. Ben Davis se tomó el trabajo de revisar las 5.000 imágenes que componen el mosaico *Everydays*, cosa que no hizo, al parecer, la empresa que lo adquirió. Allí encuentra muchas imágenes despectivas hacia las mujeres, a los homosexuales y racistas (la mayoría de su primera época entre 2007 y 2010). Véase Davis (2021).

berg hubieran mantenido el 10 por ciento de sus obras cuando se vendieron por primera vez, su ganancia por reventas se hubiese multiplicado por mil (Whitaker y Kräussl, 2019). Tal como señala Albert-Laszlo Barabasi (2021), el mercado del arte siempre se ha servido de la oscuridad y ha trabajado en secreto. Cuando alguien adquiría una obra desaparecía del escenario público y quedaba oculta en su colección privada. La proveniencia de la obra, las manos por las que pasó, los precios que se pagaron por ella, era información muy difícil de rastrear y, si se conocía, era celosamente guardada por las galerías. Éstas utilizaban esta opacidad detrás de la obra para negociar a su favor y, así, amasar fortunas. La cadena de bloques transparenta todos estos intercambios. Con la tokenización de la obra sea crea una bitácora digital pública que nos permite seguir todas las manos por las que pasó el NFT. Por ejemplo, en el caso de la música, Imogen Heap, una cantante inglesa, gran impulsora del uso de *blockchain* para la música, lanzó en 2016 su canción *Tiny Human* y codificó un *smart contract* para determinar un sistema de regalías donde se elimina a los mediadores. Al bajar o reproducir la canción, el precio se divide entre los artistas según los porcentajes estipulados y éstos pueden controlar cuántas veces se reprodujo y cuánto dinero generó.

Esta búsqueda por un mundo del arte más democrático y descentralizado viene discutiéndose antes de la emergencia del criptoarte. Andrea Giunta muestra cómo el proceso de descentralización surge desde los años noventa en las bienales. Éstas dejaron de ser espacios de exhibición ligados a un territorio o país y se convirtieron en "sismógrafos del mundo del arte global" (2014, p. 76), lo que significa en concreto que investigan y exponen artistas de cualquier parte del globo. El mundo contemporáneo del arte se ve a sí mismo como un archipiélago, una dispersión de islas no centralizadas donde conviven múltiples culturas globales. Vivimos en la época de la altermodernidad, tal como la define Nicolas Bourriaud (2009), tiempos donde el otro (*alter*) no es subsumido por una cultura dominante y donde se da lugar a una constelación de múltiples expresiones artísticas. Pero pese a esta apertura, sigue habiendo en las bienales, y en cualquier institución artística, una curaduría, es decir, una selección, un juicio y, por lo tanto, exclusiones. Obviamente que el mundo del arte, tal como parece sostener Dickie, no es absolutamente homogéneo. Pero, ¿qué pasaría si no hay ninguna necesidad de instituciones mediadoras? ¿podrá la cadena de bloques permitirnos "reinventar" el arte "a una escala planetaria" (Bourriaud, 2009, p. 12)?

El *blockchain* parece proponer un espacio digital totalmente abierto y descentralizado donde los artistas pueden producir, difundir y comercializar. En la cruza entre el mundo cripto y mundo del arte hay una clara intención de democratizar y transparentar tanto la difusión como la comercialización del arte y la cultura. Es decir, eliminar todo tipo de segmentación.

Este espíritu es el que mueve el proyecto DADA, una plataforma online cuyo fin es crear "conversaciones visuales espontáneas, a pesar del idioma, la distancia, la nacionalidad u otras barreras artificiales" (Ramos y Mam, 2020). Más concretamente es una plataforma de dibujo colaborativo. Cualquiera puede registrarse en DADA y comenzar a crear con las herramientas de dibujo integradas en la aplicación, "desde un fisicoculturista en Argentina hasta un pastor evangélico en EE.UU., un agricultor en Kenia y un ex punk en Inglaterra" (Creeps y Weirdos, 2021). El objetivo es generar un espacio donde sea posible el arte colaborativo dentro de un sistema descentralizado, manejado por la comunidad. Este proyecto de algún modo supera el multiculturalismo artístico denunciado por Nicolas Bourriaud, donde el artista debe mostrar su "identidad cultural" para pertenecer al mundo del arte, sino que posibilita un espacio donde no hay ni una institución que regula qué debe exhibirse y qué no. Por lo tanto, no hay lugar para "biotipos culturales puros, sino tradiciones y especificidades culturales atravesadas por esa mundialización de la economía" (Bourriaud, 2009, p. 195). En otras palabras, hace posible un diálogo entre la tradición propia y los valores de otros artistas sin que haya mediadores que determinen el "centro" y la "periferia". DADA es sin dudas un verdadero proyecto intercultural. Artistas de todo el mundo interactúan directamente en la plataforma. Por ejemplo, un artista publica un dibujo y otros pueden replicarle visualmente "continuando" la obra (véase figura 34, donde reproduzco un ejemplo de colaboración entre distintos usuarios).

De este modo se crea una conversación visual y miles de dibujos convergen en una misma pieza. ¿Quién es el autor? Todos. O más bien, la interacción. Tomando la expresión de Kenneth Goldsmith (2015), es un dibujo no creativo, un arte posidentitario donde la noción de autenticidad no es lo central. A la hora de comercializar las obras, éstas sea crean como NFTs y se venden en el *blockchain,* haciendo posible rastrear cada transacción y asegurarse por *smart contracts* que cada participante de la obra colaborativa sea remunerado. "Creemos en el re-uso libre del arte, pero no si alguien se enriquece monetariamente con el trabajo de otro sin remunerar al artista" (Ramos y

Mam, 2020). Así, de la misma manera que el gesto dadaísta de Duchamp de intervenir la *Gioconda* de Leonardo da Vinci, "ni el objeto original ni su autor quedan de ninguna forma borrados sino, por el contrario, puestos en valor" (Bourriaud, 2018, p. 175). Pero este trabajo colectivo, esta "gran conversación", sólo es posible gracias a una enorme red de difusión y colaboración más allá de la plataforma. Esta red es tan grande que fue necesario crear un mapa para poder guiarse en el mundo de DADA.[15] En definitiva, todo el proyecto es un proceso abierto de conversación. En concreto: hay grupos oficiales de Telegram y Discord donde la comunidad comparte pensamientos, ideas y resultados, un canal de YouTube donde se dan conversaciones sobre *blockchain,* arte y NFTs, un Twitter donde se difunden las actividades y las obras de los usuarios, reuniones en Google Meet que llaman "sesiones de ideación" para discutir proyecto, el blog oficial donde se postean reflexiones en torno a DADA, arte y tecnología[16] y exposiciones de DADA en distintos mundos de realidad virtual 3D como la parcela DADA en Cryptovoxels, la Pearl Gallery en Decentraland y la exhibición Sight Unseen en VR Land. De esta manera, es posible generar una conversación entre participantes sobre procedimientos, resultados, que se articulen ideas, entre otras cosas, y se dé una interacción creativa.

Pero no nos apresuramos a sentenciar "la muerte del curador", tal como lo hace Anika Meier (2021). Aún está por verse si el sueño de un mundo artístico descentralizado es posible. Las grandes galerías del mundo tradicional del arte no piensan perder terreno. Ya hemos hablado de Christie's, la primera gran casa de subastas en vender un NFT. En 2021 Sotheby's abrió una sucursal digital en Decentraland, una réplica exacta de la icónica galería física en Londres. Decentraland es una plataforma de realidad virtual descentralizada, lo que se denomina un metaverso. Este mundo digital se compone de 90.601 parcelas donde sus usuarios compran y venden accesorios, adquieren terrenos y votan sobre las reglas de su comunidad. Sotheby's compró una de estas parcelas en el Distrito de Arte Voltaire. Allí es posible visitar, desde el sillón de tu casa, una muestra enteramente digital donde se exponen NFTs. Decentraland es un DAO, una organización autónoma descentralizada y por lo tanto el control está en las personas que "viven" en este espacio virtual. Los miembros de la comunidad son los que deciden

---

15 <https://miro.medium.com/max/1400/1*PiAbc6NJYEVzZ3g6ujFL-g.jpeg>.

16 <https://powerdada.medium.com/>.

sobre el futuro de la plataforma (como las políticas en relación a LAND, la tierra del mundo virtual, qué artículos son permitidos, reglas en torno a las subastas, etc.). Ahora bien, los votos no son iguales para todos. El poder de voto depende del poder de la cuenta, determinado por su cantidad de WMANA (*Wrapped Mana*) y sus propiedad en LAND y *Estates* (conjunto de parcelas asociadas). Es decir, el poder de un usuario depende de la propiedad que posea, cuantos más activos, más poder de voto. Si bien Decentraland no está regulado por un Estado o una sola empresa, como Facebook, sino por sus usuarios, la concentración de poder puede llevar a un gobierno cada vez más concentrado y que el sueño de un mundo artístico descentralizado se disipe en el éter.

Pero la concentración de poder por parte de galerías no es el verdadero problema. Alrededor de la emergencia de la Web 3.0 se cuenta el relato que viene a imponerse como un sistema democrático, transparente y descentralizado, que empodera a los usuarios dándoles el control y que promete derrocar a los grandes poderosos de Silicon Valley, plataformas centralizadas como Google, Apple y Facebook (la Web 2.0). ¿Es realmente así? El 21 de diciembre de 2021 Jack Dorsey, cofundador de Twitter, posteaba: "Al final [la Web 3.0] es una entidad centralizada con una etiqueta diferente".[17] Si bien las cadenas de bloques, con algunas fallas o posibles mejoras, son descentralizadas y de código abierto, no lo están las plataformas que se montan sobre ellas. La cuestión es que para que el ciudadano de a pie pueda operar en el *blockchain,* para que pueda adquirir o vender criptomonedas o para que un artista pueda mintear una obra, es preciso un mediador, una plataforma que haga su experiencia en el mundo cripto *user friendly.* Estas aplicaciones hacen "accesible" el protocolo. El *blockchain* prometía transparencia absoluta, pero el código debe permanecer opaco para volverse operativo. Si mi padre no puede crear un GIF, mucho menos podrá operar directamente en el código. El *blockchain* es absolutamente transparente, si lo sabes leer. De lo contrario, necesitas algo o alguien que te lo haga accesible. No todos tenemos las herramientas o los conocimientos para verificar, por lo tanto no queda otra que confiar en la *app* de mi teléfono que me permite visualizar, por ejemplo, los NFTs en mi wallet. Muchas de estas plataformas o espacios virtuales están controlados por un grupo concentrado de empresas privadas.

---

17   <https://twitter.com/jack/status/1473139010197508098?lang=en>.

Toda plataforma es un mediador, toda plataforma, necesariamente, supone una centralización. Son intermediarios que proveen la infraestructura para que clientes, usuarios, anunciantes, comerciantes de productos, vendedores de servicios, interactúen. A partir de una arquitectura centralizada controlan los modos de interacción e intercambio.[18] Es decir, las plataformas atentan contra el espíritu original del *blockchain,* la descentralización. Moxie Marlinspike (2022), especialista en seguridad informática y fundador de Signal, hizo un experimento, la obra *At my whim, #1.* Sorprendido porque en realidad, pese a lo que la mayoría piensa, el NFT no almacena la imagen en la cadena sino un URL que nos redirecciona a ella, dirección que puede ser hackeada o alterada en su contenido, creó un token que cambia según en qué servidor se mira. Si uno visualiza el NFT en OpenSea se verá de un modo, de otro en Rarible y, si lo llegas a comprar, como un emoji (💩) en tu billetera (figura 35). Luego de unos días OpenSea bajó la publicación. Las razones no son claras, pero lo curioso es que además desapareció de su billetera de MetaMask. El NFT está indeleblemente registrado en el *blockchain,* pero como el monedero utiliza la dirección de OpenSea para mostrar el NFT en la billetera, éste se desvaneció sin dejar rastro. ¿Es que la descentralización prometida no fueron más que palabras? ¿puede la censura convivir con los principios cripto?[19] Para que la tecnología de cadenas de bloques sea utilizable necesita de plataformas, entidades, individuos, personas que ejecutan los servidores por el usuario como OpenSea, Rarible, Coinbase, Binance. Así, quienes utilizan las interfaces siguen bajo el yugo de las decisiones de un grupo selecto. Que la cadena de bloques sea descentralizada y de código abierto no necesariamente implica que sea igualitaria e inclusiva.

En agosto de 2021 SuperRare, una plataforma que funcionaba de manera similar a Nifty Gateway, en tanto que realizaba un proceso de selección de los artistas para preservar la calidad estética de su portal, llevó a cabo una seria transformación para dar pasos decisivos en su descentralización y no convertirse "en la versión digital de las galerías que intentamos desbaratar" (SuperRare, 2021). Se constituyó como DAO, como una organización controlada por los titulares de $RARE y el Consejo de Gobierno de SuperRare (votados por la misma comunidad). A su vez, dio otro paso importante para descentralizar la curaduría creando los *SuperRare Spaces.* Éstas son galerías

18   Sobre el funcionamiento de las plataformas véase Smicek (2018).
19   Un caso similar sucede con la plataforma Maecenas. Sobre esto véase Schneider (2018).

virtuales de NFTs curadas de manera independiente. Es decir, la comunidad elige los curadores que determinan qué obras aparecen en las tiendas de SuperRare, qué artistas contratan y cómo se comercializan las piezas. Sigue habiendo una plataforma centralizada que designa curadores que a su vez determinan qué es "merecedor" de estar en sus vidrieras, pero hay una búsqueda de democratizar el proceso. También debemos discutir si es deseable una absoluta descentralización del mundo del arte. Un filtro curatorial puede servir para orientarnos ante la abrumadora multiplicidad de NFTs en el océano digital que, aunque en menor medida que las copias digitales, se siguen multiplicando. Para que no suceda lo que Groys ya advertía, que nadie tenga tiempo de ver o leer nada, como cuando estamos en esos museos monstruosamente grandes, como el Louvre, donde al rato la visión se satura, quizás sea deseable una cierta selección. La democratización absoluta de la visibilidad lleva, paradójicamente, a una invisibilización en masa.

¿Podrá llegar ese futuro diferente que los criptoevangelizadores profetizaron? ¿no habrá sido centralizado el paraíso descentralizado? ¿no será que la tan aclamada revolución no es más que una fachada para mantener el *status quo*? Por un lado, los NFTs vuelven todo capitalizable, desde el primer tweet de Jack Dursey (cofundador de Twitter), hasta una obra de Miguel Ángel. Este mismo libro puede volverse un NFT. Por el otro, muchos se imaginan, como el proyecto DADA, un futuro más democrático e igualitario, donde, superado el capitalismo, la vida se entienda en términos comunitarios. Ésta es incluso la postura de Vitalik Buterin, el creador de Ethereum, para quien es preciso abandonar la lógica individualista de los ciberpunks y pensar cómo el *blockchain* nos permite crear sistemas equitativos y con impacto social positivo y "avanzar en una agenda explícitamente política y colectiva" (Huillet, 2019).

¿Hacia dónde vamos? ¿Se impondrá una distopía tecnológica o se alcanzará un paraíso cripto? Todo está por verse. Será necesario estar atentos a los nuevos mecanismos de control que, con nuevos ropajes, se mezclan detrás de nuevas tecnologías y promesas mesiánicas.

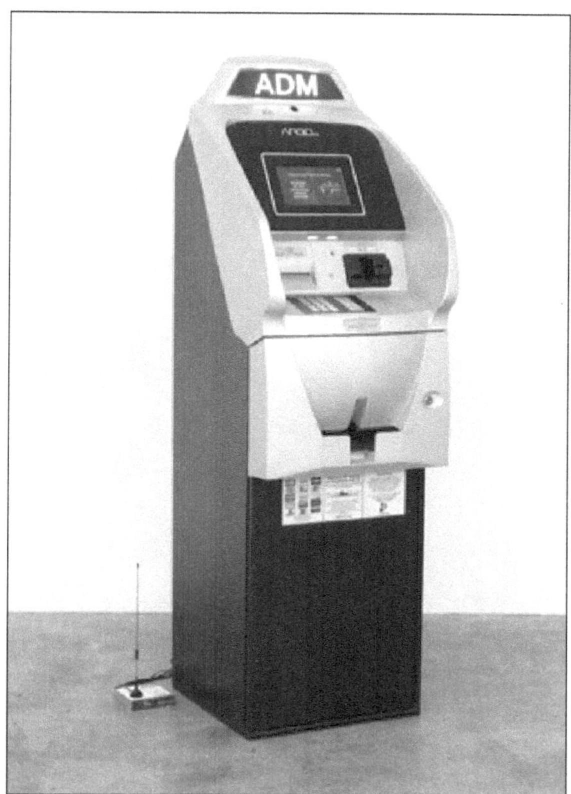

Figura 30. El *Automated Dealer Machine*, de Agustina Woodgate.

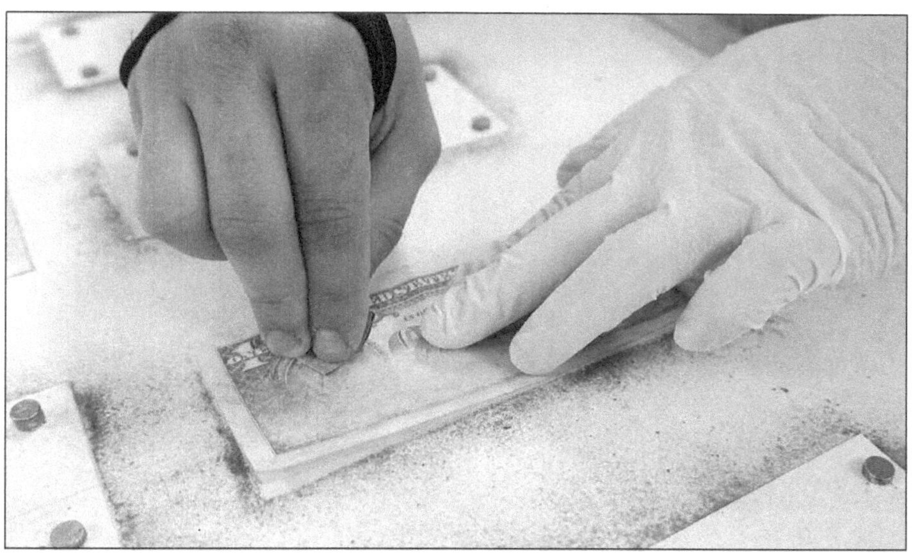

Figura 31. El proceso de lijado.

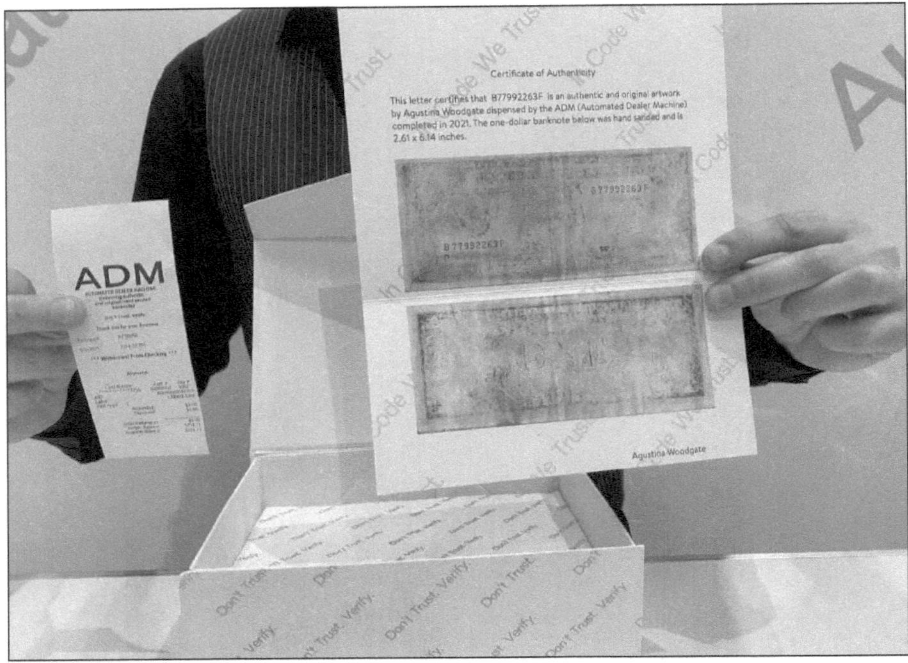

Figura 32. Entrega del certificado de autenticidad de *Don't trust, verify.*

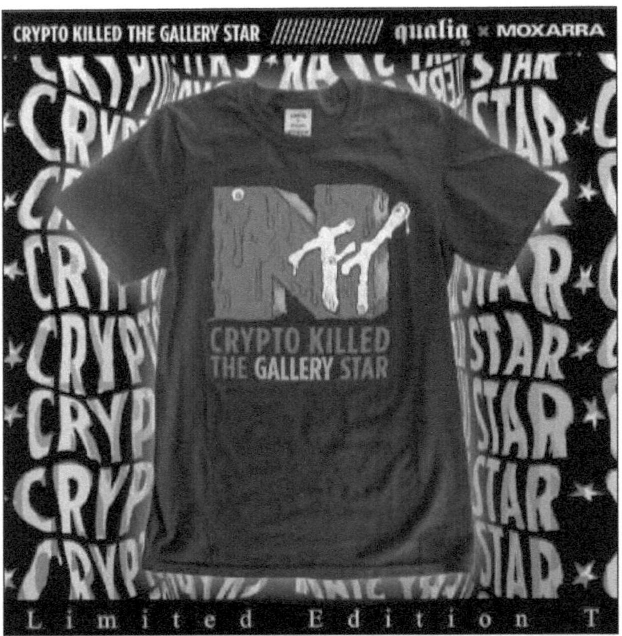

Figura 33. Moxarra González, *Crypto Killed the Gallery Star Black T-Shirt.* Tokenizado el 24 de noviembre del 2020. <https://rarible.com/token/0xd07dc4262bcdbf85190c01c996b4c06a461d2430:84815:0xeafe529121b4caa-91791c277b89140ed7a9ef1c0?tab=owners>. Colección Jamie Anson.

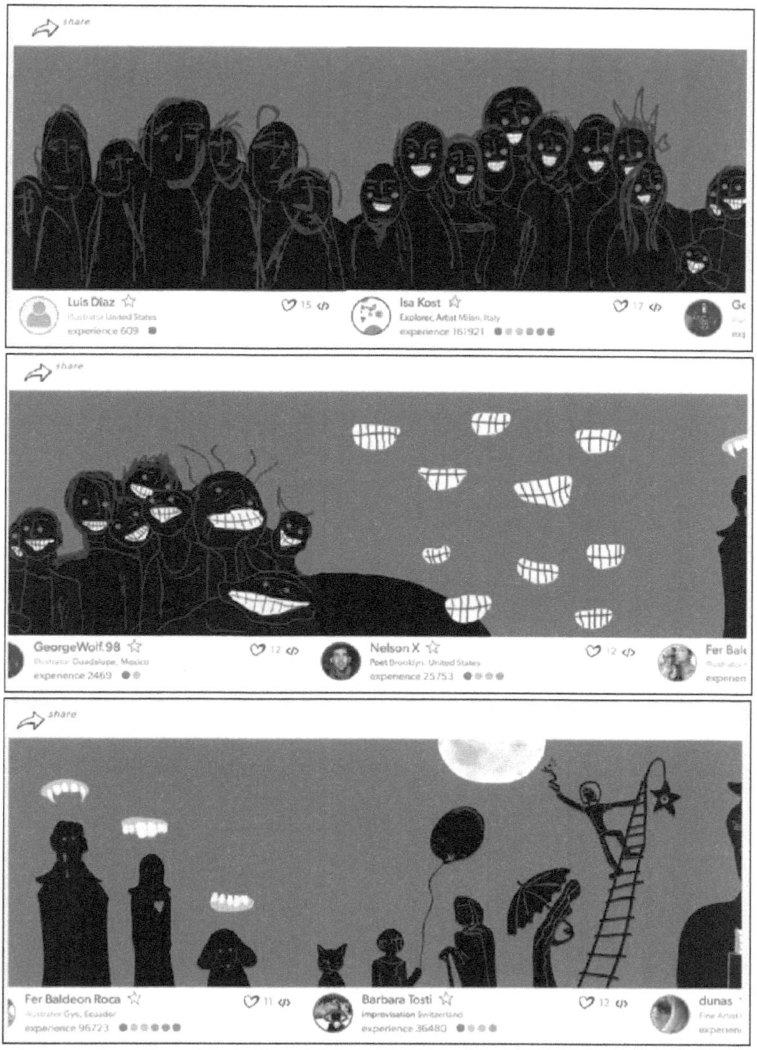

Figura 34. Imágenes tomadas de <https://dada.art/community?welcome=true&activity=129062#activity/129062>.

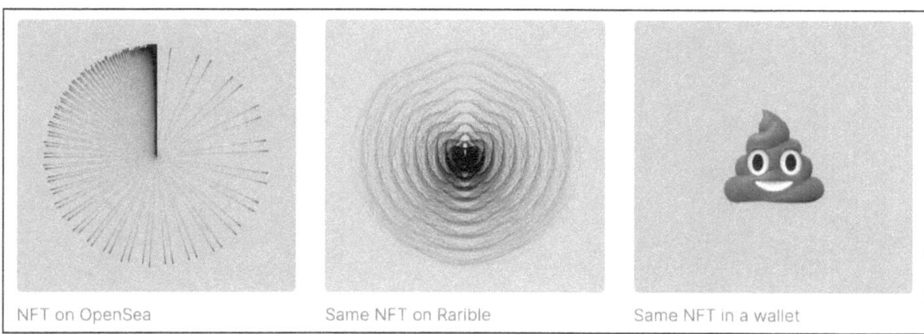

Figura 35. Marlinspike, Moxie. *At my whim, #1.* Distintas visualizaciones según la Plataforma. Tokenizado el 27 de septiembre de 2021.

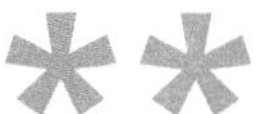

Bibliografía

Abosch, K. (2018a). I am a Coin. Artist Statement. *IAMA COIN*. <https://www.iama-coin.com/artist.html>.

Abosch, K. (2018b). What is Priceless? *PRICELESS*. <http://whatispriceless.com>.

Alizart, M. (2020). *Criptocomunismo*. Ediciones La Cebra.

Bailey, J. (2018). What Is CryptoArt? *Artnome*. <https://www.artnome.com/news/2018/1/14/what-is-cryptoart>.

Bailey, J. (2022). The NFT Apocalypse. *Right Click Save*. <https://www.rightclicksave.com/article/the-nft-apocalypse>.

Barabasi, A.-L. (2021, mayo 7). The Art Market Often Works in Secret. Here's a Look Inside. *The New York Times*. <https://www.nytimes.com/2021/05/07/opinion/nft-art-market.html>.

Baudrillard, J. (2007). *El complot del arte. Ilusión y desilusión estéticas*. Amorrortu.

Beller, J. (2013). Kino-I, Kino-World: Notes on the cinematic mode of production. En N. Mirzoeff (Ed.), *The visual culture reader* (pp. 60-85). Routledge.

Beller, J. (2021, marzo 23). Fascism on the Blockchain? The Work of Art in the Age of NFTs. *CoinDesk*. <https://www.coin-desk.com/fascism-blockchain-art-nfts>.

Benjamin, W. (2005). *Libro de los pasajes*. Akal.

Benjamin, W. (2015a). *Sobre la fotografía* (J. Muñoz Millanes, Trad.). Pre-Textos.

Benjamin, W. (2015b). *La obra de arte en la era de su reproductibilidad técnica y otros textos* (A. Entel, Trad.). Godot.

Bordeleau, E. (2020). Proof-of-withdrawal: Finance in the Undercommons. En P. Hesselberth y J. De Bloois, *Politics of Withdrawal*. Rowman & Littlefield Publishers.

Bourriaud, N. (2009). *Altermodern: Tate Triennal*. Tate Publishing.

Bourriaud, N. (2018). *Radicante*. Adriana Hidalgo.

Buchloh, B. H. D. (2004). *Formalismo e historicidad. Modelos y métodos en el arte del siglo xx* (C. del Olmo y C. Rendules, Trads.). Akal.

Burniske, C. (2019). Protocols as Minimally Extractive Coordinators. *Place-*

holder. <https://www.placeholder.vc/blog/2019/10/6/protocols-as-minimally-extractive-coordinators>.

COSTELLO, D. (2006). Aura, face, photography: Re-reading Benjamin today. En A. E. Benjamin, *Walter Benjamin and art* (pp. 164-184). Continuum.

CROSS, A. (2021, marzo 19). Beeple and Nothingness: Philosophy and NFTs. *Aesthetics for Birds*. <https://aestheticsforbirds.com/2021/03/18/beeple-and-nothingness-philosophy-and-nfts/>.

DAVIS, B. (2021, marzo 17). I Looked Through All 5,000 Images in Beeple's $69 Million Magnum Opus. What I Found Isn't So Pretty. *Artnet News*. <https://news.artnet.com/opinion/beeple-everydays-review-1951656>.

DAVIS, D. (1995). The Work of Art in the Age of Digital Reproduction (An Evolving Thesis: 1991-1995). *Leonardo, 28*(5), 381-386. <https://doi.org/10.2307/1576221>.

DELEUZE, G. (2006). Postdata sobre las sociedades de control. En C. Ferrer, *El lenguaje libertario: Antología del pensamiento anarquista contemporáneo* (pp. 114-121). Terramar Ediciones.

DICKIE, G. (1969). Defining Art. *American Philosophical Quarterly, 6*(3), 253-256.

DUPONT, Q. (2014). The Politics of Cryptography: Bitcoin and the Ordering Machines. *Journal of Peer Production, 4*.

ERICKSON, K. J. (2018, septiembre 4). The Future Of Network Effects: Tokenization and the End of Extraction. *Public Market*. <https://medium.com/public-market/the-future-of-network-effects-tokenization-and-the-end-of-extraction-a0f895639ffb>.

FRANK, R. (2021, marzo 30). Crypto investor who bought Beeple's NFT for $69 million says he would have paid even more. *CNBC*. <https://www.cnbc.com/2021/03/30/vignesh-sundaresan-known-as-metakovan-on-paying-69-million-for-beeple-nft.html>.

GIUNTA, A. (2014). *¿Cuándo empieza el arte contemporáneo? / When does contemporary art begin?* Fundación ArteBA.

GOLDSMITH, K. (2015). *Escritura no-creativa: Gestionando el lenguaje en la era digital.* Caja Negra.

GOLUMBIA, D. (2016). *The Politics of Bitcoin: Software as Right-wing Extremism.* University of Minneapolis Press.

GROYS, B. (2009). The Topology of Contemporary Art. En O. Enwezor, N. Condee, y T. Smith, *Antinomies of Art and Culture. Modernity, Postmodernity,Contemporaneity* (pp. 71-80). Duke University Press.

GROYS, B. (2014). *Volverse público: Las transformaciones del arte en el ágora contemporánea* (P. Cortés Rocca, Trad.). Caja Negra.

GROYS, B. (2016). *Arte en flujo: Ensayos sobre la evanescencia del presente* (P. Cortés-Rocca, Trad.). Caja Negra.

GUERRERO, L. J. (2008). *Estética operatoria en sus tres direcciones. Revelación y acogimiento de la obra de arte: Estética de las manifestaciones artísticas.* Las cuarenta: Biblioteca Nacional de la República Argentina.

GUMBRECHT, H. U., y MARRINAN, M. (2003). *Mapping Benjamin: The work of art in the digital age.* Stanford Univ. Press.

HAHN, J. (2021, marzo 12). Jpeg File by Digital Artist Beeple Sells for over $69 Million at NFT Auction. *Dezeen*. <https://www.dezeen.com/2021/03/12/beeple-everydays-nft-christies-auction/>.

HAIGNEY, S. (2018, junio 5). When Crypto Meets Conceptual Art, Things Get Weird. *The New York Times*. <https://www.nytimes.com/2018/06/05/arts/design/

cryptocurrency-blockchain-art-kev-in-abosch.html>.

Han, B.-C. (2016). *Shanzai. El arte de la falsificación y de la deconstrucción en China* (P. Kuffer, Trad.). Caja Negra.

Harvey, D. (2015). The work of art in the age of electronic reproduction and image banks. En *The condition of postmodernity: An enquiry into the origins of cultural change*. Blackwell.

Hegel, G. W. F. (1968). *Filosofía del derecho*. Claridad.

Heidenreich, S. (1998). Icons: Bilder für User und Idioten. En R. Birgit, R. Klanten, y S. Heidenreich, *Icons*. Die Gestalten.

Huillet, M. (2019). Vitalik Buterin: El cripto debe dejar atrás el individualismo de los primeros ciberpunks. *Cointelegraph*. <https://es.cointelegraph.com/news/vitalik-buterin-crypto-must-leave-behind-the-individualism-of-the-early-cypherpunks>.

Ibarlucía, R. (2020). *Belleza sin aura. Surrealismo y teoría del arte en Walter Benjamin*. Miño y Dávila editores.

Jones, N., y Skinner, S. (2017). A Quasi Proto Preface. En R. Catlow, M. Garret, S. Skinner, y N. Jones (Eds.), *Artists Re:Thinking the Blockchain*. Torque Editions & Furtherfield.

Latour, B. (2012). *Nunca fuimos modernos: Ensayos de antropología simétrica* (V. Goldstein, Trad.). Siglo Veintiuno.

Leibniz, G. W., y Clarke, S. (1980). *La polémica Leibniz—Clarke*. Taurus.

Lessig, L. (2009). *El código 2.0* (F. Cabello, Trad.). Traficantes de Sueños.

Lippard, L. R. (2004). *Seis años. La desmaterialización del objeto artístico de 1996 a 1972*. Akal.

Mackay, C. (1980). *Extraordinary Popular Delusions and the Madness of Crowds*. Harmony Books.

Malraux, A. (2017). *El museo imaginario*. Cátedra.

Marlinspike, M. (2022). My first impressions of web3. *Moxie.Org*. <https://moxie.org/2022/01/07/web3-first-impressions.html>.

May, T. (1988). The Crypto Anarchist Manifesto. *Satoshi Nakamoto Institute*. <https://nakamotoinstitute.org/crypto-anarchist-manifesto/>.

May, T. (1994). Cyphernomicon. *Nakamoto Institute*. <https://nakamotoinstitute.org/static/docs/cyphernomicon.txt>.

Meaños, F. (2021, enero 17). La historia del argentino que hizo una obra de arte con 250 bitcoins auténticos, la vendió en 2019 y hoy vale más de USD 8 millones. *Infobae*. <https://www.infobae.com/economia/2021/01/17/la-historia-del-argentino-que-hizo-una-obra-de-arte-con-250-bitcoins-autenticos-la-vendio-en-2019-y-hoy-vale-mas-de-usd-8-millones/>.

Meier, A. (2021). Der Tod des Kurators. Demokratisieren NFTs die Kunstwelt? *Kunstforum*, *275*, 326-333.

MetaKovan (2021, abril 14). #534: MetaKovan on the Metaverse (A. Pompliano) [The Pomp Podcast]. https://open.spotify.com/episode/4IF40ZuOTHo1ydgvPsRqz2

Moretti, G. (2013). Nimbus. Nota sulla questione dell'«aura» in Ludwig Klages. *Rivista di estetica*, 52, 149-159.

Nadal, M., y Escudero Andaluz, C. (2017). Critical Mining: Blockchain and Bitcoin in Contemporary Art. En R. Catlow, M. Garret, N. Jones, y S. Skinner (Eds.), *Artists Re:Thinking the Blockchain* (pp. 51-62). Torque Editions & Furtherfield.

Nadini, M., Alessandretti, L., Di Giacinto, F., Martino, M., Aiello, L. M., y Baronchelli, A. (2021). Mapping the NFT revolution: Market trends, trade networks, and visual features. *Scien-*

tific Reports, 11(1), 20902. <https://doi.org/10.1038/s41598-021-00053-8>.

NAKAMOTO, S. (2009). Bitcoin open source implementation of P2P currency. *Nakamoto Institute*. <https://satoshi.nakamotoinstitute.org/posts/p2pfoundation/threads/1/>.

PALEY, W. (2010). *Natural Theology. Or, Evidences of the Existence and Attributes of the Deity, Collected from the Appearances of Nature*. Cambridge University Press.

POWER, M. (2014, diciembre 5). What happens when a software bot goes on a darknet shopping spree? *The Guardian*. <https://www.theguardian.com/technology/2014/dec/05/software-bot-darknet-shopping-spree-random-shopper>.

PRICE, S., y KUO, M. (2021). What NFTs Mean for Contemporary Art. *The Museum of Modern Art*. <https://www.moma.org/magazine/articles/547>.

RAMOS, B. H. y MAM, Y. (2020). La Economía Invisible. En *DADA.art Medium*. <https://powerdada.medium.com/la-econom%-C3%ADa-invisible-bbaae13ba894>.

REICHERT, K. (2021). *Krypto-Kunst: NFTs und digitales Eigentum*. Verlag Klaus Wagenbach.

REYBURN, S. (2021, abril 16). The cost of a single tulip bulb surged to the same price as a mansion 400 years ago: Are NFTs the 'tulipmania' of the 21st century? *The Art Newspaper - International art news and events*. <https://www.theartnewspaper.com/2021/04/16/the-cost-of-a-single-tulip-bulb-surged-to-the-same-price-as-a-mansion-400-years-ago-are-nfts-the-tulipmania-of-the-21st-century>.

RIVERS RYAN, T. (2021, mayo). Token Gesture. *Artforum, 59*(7). <https://www.artforum.com/print/202105/token-gesture-85475>.

SCHNEIDER, T. (2018, junio 25). The Gray Market: How One Warhol Auction Embodies the Blind Spots of Many Blockchain Art Startups (and Other Insights). *Artnet News*. <https://news.artnet.com/opinion/gray-market-maecenas-blockchain-auction-1308482>.

SCOTT, B. (2016). Visiones de un tecno-Leviatán: La política de la Cadena de Bloques de Bitcoin. *Hipertextos, 5*(4), 13-25.

SMICEK, N. (2018). *Capitalismo de plataformas* (A. Giacometti, Trad.). Caja Negra.

STANKIEWICZ, K. (2021, marzo 11). Here's what the buyer of Beeple's NFT digital art actually gets for $69 million. *CNBC*. <https://www.cnbc.com/2021/03/11/beeple-is-a-rich-man-after-nft-sale-christies-art-specialist-noah-davis.html>.

STEYERL, H. (2014). *Los condenados de la pantalla* (M. Expósito, Trad.). Caja Negra.

STEYERL, H. (2018). *Arte duty free: El arte en la era de la guerra civil planetaria* (F. Bruno, Trad.). Caja Negra.

STEYERL, H. (2021). Una burbuja para tontos (D. Völzke y S. Frenzel) [Entrevista]. <https://issuu.com/tatyanazambrano/docs/entrevista_hito_steyerl_nft>.

SUPERRARE (2021). Announcing the $RARE Curation Token and the SuperRare Network—Mirror. *SuperRare*. <https://superrare.mirror.xyz/fkGKcN1xVN-RvfZk5OiY52-T_WNSndC4ve1DPD-mvZQ6E>.

THOMSON, D. (1998). The Work of Art in the Age of Electronic (Re)Production. *Romanticism on the Net, 10*, 0-0. <https://doi.org/10.7202/005805ar>.

VALERY, P. (2005). *Piezas sobre arte*. Antonio Machado Libros.

VAROUFAKIS, Y. (2013, abril 22). Bitcoin and the Dangerous Fantasy of 'Apolitical' Money. *Yanis Varoufakis*. <https://www.yanisvaroufakis.eu/2013/04/22/bitcoin-and-the-dangerous-fantasy-of-apolitical-money/>.

Wark, M. (2009). *A Hacker Manifesto.* Harvard University Press. <http://qut.eblib.com.au/patron/FullRecord.aspx?p=3300116>.

Wark, M. (2017). My Collectible Ass. *E-Flux Journal*, 85. <https://www.e-flux.com/journal/85/156418/my-collectible-ass/>.

Weidinger, A. (2021). *PROOF OF ART – A short history of NFTs, from the beginning of digital art to the metaverse.* Distanz.

Weiwei, A. (2018, agosto 31). Für echte Kunst braucht man Mut (M. Oppel) *Deutschlandfunk Kultur.* <https://www.deutschlandfunkkultur.de/ai-weiwei-zu-seinem-projekt-priceless-fuer-echte-kunst-100.html>.

Whitaker, A., y Kräussl, R. (2019). Blockchain, Fractional Ownership, and the Future of Creative Work (SSRN Scholarly Paper ID 3100389). Social Science Research Network. <https://doi.org/10.2139/ssrn.3100389>.